PLATAFORMAS DE CUIDADOS A MAYORES: ASPECTOS FISCALES

Mercedes Navarro Egea

PLATAFORMAS
DE CUIDADOS A MAYORES:
ASPECTOS FISCALES

Comares, 2024

BIBLIOTECA COMARES DE CIENCIA JURÍDICA

DERECHO DE LA SOCIEDAD DE LA INFORMACIÓN

dirigida por:

Pedro Grimal Servera
Julián Valero Torrijos

34

© Editorial Comares, S.L.
Polígono Juncaril • C/ Baza, parcela 208 • 18220 Albolote (Granada) • Tlf.: 958 465 382
https://www.comares.com • E-mail: libreriacomares@comares.com
https://www.facebook.com/Comares • https://twitter.com/comareseditor
https://www.instagram.com/editorialcomares

ISBN: 978-84-1369-744-4 • Depósito legal: Gr. 343/2024

Fotocomposición, impresión y encuadernación: COMARES

SUMARIO

ABREVIATURAS

AEAT	Agencia Estatal de Administración Tributaria
ap.	Apartado
art.	Artículo
ATAD	*Anti Tax Avoidance Directive*
BEPS	Erosión de la Base Imponible y Traslado de Beneficios
BEFIT	*Proposal for a Council Directive on Business in Europe: Framework from Income Taxation*
B2B	Empresa a empresa (*business to business*)
B2C	Empresa a consumidor (*business to consumer*)
B2G	Empresa a gobierno (*business to government*)
CCAA	Comunidades Autónomas
CEPAs	Círculo Empresarial de Atención a las Personas
CEPES	Confederación Empresarial Española de la Economía Social
CCom	Código de Comercio
CDI	Convenio para evitar la doble imposición
Cdo.	Considerando
C2C	Consumidor a consumidor (*consumer to consumer*)
DAC	*Directive on Administrative Cooperation* (Directiva 2011/16/UE)
DAC 7	Directiva (UE) 2021/514
DCE	Directiva de comercio electrónico (Directiva 2000/31/CE)
DGT	Dirección General de Tributos
EP	Establecimiento permanente
EPD	Establecimiento permanente digital
EEE	Espacio Económico Europeo
ENISA	Empresa Nacional de Innovación, S.M.E, S.A.
IRPF	Impuesto sobre la Renta de las Personas Físicas
IRNR	Impuesto sobre la Renta de No Residentes
IS	Impuesto sobre Sociedades
IOSS	Ventanilla única de importación
IVA	Impuesto sobre el Valor Añadido
MC OCDE	Modelo de Convenio OCDE
LGT	Ley 58/2003, de 17 de diciembre, General Tributaria
LIRPF	Ley 35/2006, de 28 de noviembre, del Impuesto sobre la Renta de las Personas Físicas
LIS	Ley 27/2016, de 27 de noviembre, del Impuesto sobre Sociedades

LIVA	Ley 37/1992, de 28 de diciembre, del Impuesto sobre el Valor Añadido
MRDP	Reglas modelo de presentación de informes para plataformas digitales"
OCDE	Organización para la Cooperación y Desarrollo Económico
OSS	Ventanilla única
p./pp.	Página/s
PEVS	Prestación Económica Vinculada al Servicio
PIA	Programa Individual de Atención
PIB	Producto Interior Bruto
PDS	Presencia digital significativa
PRTR	Plan de Recuperación, Transformación y Resiliencia
RD	Real Decreto
RDLeg	Real Decreto Legislativo
RIRPF	Real Decreto 439/2007, de 30 de marzo, por el que se aprueba el Reglamento del Impuesto sobre la Renta de las Personas Físicas
RIVA	Real Decreto 1624/19992, de 29 de diciembre, por el que se aprueba el Reglamento del Impuesto sobre el Valor Añadido
RETA	Régimen Especial de Trabajadores Autónomos
RGAT	Real Decreto 1065/2007, de 27 de julio, por el que se aprueba el Reglamento General de las actuaciones y los procedimientos de gestión e inspección tributaria y de desarrollo de las normas comunes de los procedimientos de aplicación de los tributos
RSD	Reglamento europeo de Servicios Digitales
SAAD	Sistema para la Autonomía y Atención a la Dependencia
SAD	Servicio de apoyo doméstico
SBIC	Sociedades de Beneficio e Interés Común
ss.	Siguientes
TEAC	Tribunal Económico Administrativo Central
TFUE	Tratado de Funcionamiento de la Unión Europea
TJUE	Tribunal de Justicia de la Unión Europea
TRLIRNR	Real Decreto Legislativo 5/2004, de 5 de marzo, por el que se aprueba el texto refundido de la Ley del Impuesto sobre la Renta de No Residentes,
UE	Unión Europea
VIES	Sistema de intercambio de información sobre el IVA

I. INTRODUCCIÓN[1]

El envejecimiento de la población y las necesidades que presenta este segmento de la ciudadanía se sitúan entre los grandes desafíos de la política europea[2].

El aumento de la longevidad y la disminución de la natalidad son dos de las variables presentes en el estudio de prospectiva «España 2050»[3] impulsado por el Gobierno para trazar la estrategia de recuperación y transformación de la sociedad española tras la pandemia de la COVID-19. Se apunta en dicho documento que la esperanza de vida en nuestro país, por encima de los 83 años, es una de las más altas del mundo, solo superada por Suiza y Japón[4]. Este dato, unido a la baja natalidad[5], nos caracteriza como un modelo social de «pocos hijos y vidas largas», sin que el impacto migratorio mitigue esta tendencia demográfica. Y, en estas circunstancias,

[1] Este trabajo es resultado de los proyectos de investigación: PLADECUIs. ProyectoTED2021-129367B-100 «Plataformas digitales para la economía de cuidados», financiado por el Ministerio de Ciencia e Innovación MCIN/AEI/10.13039/501100011033 y por la Unión Europea «NextGeneration EU»/PTTR; y «Fiscalidad del emprendimiento digital», TED2021-130701B-100, financiado por el Ministerio de Ciencia e Innovacón MCIN/AEI/10.133039/501100011033 y por la Unión Europea «NextGenerationEU»/PTTR.

[2] Resolución adoptada por el Parlamento Europeo, de 5 julio de 2022, sobre el fomento de una acción europea común en materia de cuidados: https://www.europarl.europa.eu/doceo/document/TA-9-2022-0278_ES.html (consultado: 29-06-2023).

[3] Oficina Nacional de Prospectiva del Gobierno de España: *España 2050: Fundamentos y propuestas para una Estrategia nacional de Largo Plazo*, Ministerio de la Presidencia, 2021 (https://www.lamoncloa.gob.es/presidente/actividades/Documents/2021/200521-Estrategia_Espana_2050.pdf).

[4] Se estima que la esperanza de vida al nacer aumente en 3,8 años para los hombres y 3,1 para las mujeres de aquí a 2050, alcanzando casi los 85 y 90 años, respectivamente (*España 2050...*, cit., p. 220).

[5] España es el segundo país de la OCDE con menor número de hijos por mujer en edad fértil (OCDE, *Family Database*, https://stats.oecd.org/).

se asume como probable que, a mediados de siglo, una de cada tres personas en España tenga 65 o más años, y que la tasa de dependencia pueda alcanzar el 60%, solo superada en la UE por las de Portugal, Grecia e Italia[6].

Esta aproximación de base estadística basta para evidenciar que esta evolución demográfica conllevará un cambio de calado en nuestro sistema socioeconómico. Desde el punto de vista del Derecho, urge repensar el marco jurídico actual en cuatro direcciones interconectadas: i) la adecuación del sistema laboral; ii) el incremento del gasto público en pensiones; iii) la adecuación de los servicios sanitarios, y iv) la necesidad de proveer de servicios de cuidados a una parte considerable de la población.

Las páginas que siguen a esta introducción centran la atención en las actividades relacionadas con los cuidados de larga duración y bajo demanda de los mayores. Un campo de estudio que se ubica dentro del concepto más amplio de los «servicios de cuidados personales y apoyo doméstico», en el que la tecnología y los nuevos modelos de negocio de la economía digital, como es el caso de las plataformas o mercados en línea, ofrecen alternativas para dar satisfacción a la necesidad de protección social en la vejez, ocupando un espacio que no ha sido suficientemente atendido por los poderes públicos.

El desarrollo de las denominadas «plataformas de cuidados» y, en concreto, las que centran su actividad en las atenciones a las personas de edad avanzada o dependientes, ha de ser abordado desde distintos enfoques, también desde el Derecho tributario[7]. No hay que olvidar que los tributos son un instrumento de solidaridad y, junto a la función esencial de redistribución de la riqueza (art. 31.1 CE), se les

---

[6]   Oficina Nacional de Prospectiva del Gobierno de España, *España 2050…,* cit., p. 223.

[7]   El planteamiento de este trabajo de investigación podría alinearse con las reflexiones de la doctrina sobre la necesidad de una «política fiscal de edad» (Cubero Truyo, Antonio; Mories Jiménez, M.ª Teresa: «¿Es necesaria una 'política fiscal de edad', como hay política fiscal de género o política fiscal verde? ¿Existen señales de una adecuada 'política fiscal de edad' en otros países, que puedan servir de referencia?», *La edad como elemento determinante de la aplicación de beneficios fiscales. Un estudio de Derecho comparado,* dir. Cubero Truyo, A. y Mories Jiménez, M.ª T., Aranzadi, 2023, p. 25). En este sentido, también resulta de interés el análisis y las propuestas contenidas en VV.AA., *La fiscalidad del envejecimiento,* dir. Gil García, E., Aranzadi, 2023. Por ahora, la presencia de los cuidados en las normas tributarias es escasa. En el caso del IRPF, la edad del contribuyente o de los ascendientes que conviven con este tiene reconocimiento en la configuración del mínimo personal y familiar; algunas CCAA han incorporado deducciones autonómicas por cuidado de mayores, en las que se tiene en cuenta la convivencia de la persona dependiente con el contribuyente, por acogimiento no remunerado de mayores, y, en algunos casos, por la contratación de una persona (empleado de hogar) para atender a los mayores por razones de conciliación. Un ejemplo de este tipo de deducciones es la introducida por la Ley 4/2023, de 28 de diciembre, de Presupuestos Generales de la Comunidad Autónoma de la Región de Murcia para el ejercicio 2024, y que se refiere al cuidado de mayores de 65 años por los que el contribuyente aplique el mínimo por ascendiente, siempre que el contribuyente esté dado de alta en la Seguridad Social como empleador y tenga contratada a una o varias personas por el Sistema Especial de Empleados de Hogar en

reconoce su capacidad para satisfacer fines extrafiscales, esto es, para hacer efectivos los principios rectores de la economía y la sociedad que reconoce la Constitución. En este caso, se ha de encontrar el justo equilibrio entre el interés social de los servicios de cuidados, ligado a la realización de derechos fundamentales de los ciudadanos, y la utilidad económica que esta actividad tiene tanto para los operadores de las plataformas digitales como para proveedores y usuarios. Esto es, un equilibrio entre las tres partes que intervienen en las operaciones realizadas a través de las plataformas de cuidados. Para los primeros supone la creación de riqueza; pero también se ha de reconocer que estos negocios de intermediación entre la oferta y demanda de cuidados pueden tener un efecto positivo en el mercado laboral, mejorando las condiciones salariales y de empleo de colectivos menos favorecidos (mujeres y migrantes). Este bienestar laboral redunda en una mayor calidad de los servicios prestados (cuidados), lo que en último término se traduce en beneficios para los destinatarios de los cuidados (mayores y familiares), contribuyendo a un retraso y/o disminución de la necesidad de atención sanitaria[8].

Sentadas estas premisas, si se pone el acento en las plataformas de cuidados, corresponde a los poderes públicos articular las medidas tributarias para que estas empresas emergentes no se conviertan en una puerta al fraude y la evasión fiscal. Téngase en cuenta que el comercio electrónico de bienes y servicios y los modelos de negocios que se aglutinan en la llamada «economía de plataformas» se sirven de dos factores, tecnología y globalización, para generar un entorno complejo que dificulta la aplicación de las normas tributarias y el cumplimiento de las obligaciones fiscales. La riqueza que se genera en el territorio en el que intermedian los operadores jurídicos no siempre se canaliza a través de los impuestos para generar bienestar social. Es notorio que las grandes plataformas suelen realizar estrategias de planificación fiscal para conducir estas rentas hacia jurisdicciones más favorables (calificadas, o no, como paraísos fiscales): en ocasiones basta para ello con aprovechar los huecos que dejan los marcos regulatorios de los sistemas tributarios.

La eventual pérdida recaudatoria asociada a este perfil de contribuyentes no es la única disfunción en términos de eficacia de los sistemas tributarios, pues hay que considerar que la operativa de estos negocios digitales favorece la opacidad de las transacciones o prestaciones de servicios subyacentes, lo que alimenta nuevas bolsas de economía sumergida. La precarización del trabajo observada en los modelos de la economía de plataformas tiene un impacto significativo en la recaudación, dado que

---

Régimen General de la Seguridad Social. La cuantía de esta deducción, aplicable a partir de 1 de enero de 2024, se fija en el 20% de las cuotas ingresadas por las cotizaciones, con el límite de 400 euros.

[8] COMISIÓN EUROPEA, «Estrategia Europea de Cuidados», 2022, COM (2022) 440 final (https://eur-lex.europa.eu/legal-content/EN/TXT/?uri=CELEX%3A52022DC0440).

el factor trabajo es un elemento basilar de la imposición directa en las sociedades democráticas avanzadas.

Las amenazas que el fenómeno digital supone para la eficaz aplicación de los tributos no pueden empañar la importancia de estos modelos de negocio. El emprendimiento digital, también en el ámbito de los cuidados a mayores, constituye un objetivo estratégico para el crecimiento económico, por lo que interesa poner dicho fenómeno en relación con las medidas fiscales introducidas en nuestro ordenamiento jurídico para el fomento del «emprendimiento digital», tanto para la creación de empresas (*startups*), como de cara a la atracción de inversión privada y la captación de talento extranjero.

Por otra parte, se ha de considerar que el éxito de este modelo de cuidados se basa en buena medida en unos servicios de calidad, asequibles y accesibles[9].

Desde la imposición indirecta, el tratamiento de los cuidados en el IVA es otro aspecto ineludible si se quiere que estos servicios —también los prestados a través de plataformas digitales— respondan a las necesidades de cuidados que demandan los ciudadanos en la etapa de la vejez.

En último término, cabe llamar la atención sobre la posición privilegiada que, como creadores de mercado, ocupan estas empresas, pues, entre otras ventajas, les facilita el acceso y tratamiento de grandes volúmenes de datos sobre proveedores y usuarios. Este rasgo común en los negocios de plataformas posibilita que estos operadores económicos adopten nuevos roles en la aplicación de los tributos, no ya como contribuyentes netos por los servicios de intermediación, sino como colaboradores en la prevención del fraude fiscal en las operaciones subyacentes.

Para profundizar en todas estas cuestiones fiscales conviene abordar, como cuestión preliminar, qué se entiende bajo los conceptos de «economía de cuidados» y «plataformas de cuidados».

II.   LA ECONOMÍA DE LOS CUIDADOS

1.   Aproximación conceptual: economía de los cuidados

En el lenguaje cotidiano empieza a penetrar la noción de «economía de los cuidados» para ponerla en relación con modelos de negocio que encuentran su espacio

---

[9]   En noviembre de 2017, el Parlamento Europeo, el Consejo y la Comisión proclamaron el pilar europeo de derechos sociales, que establece veinte principios para respaldar unos mercados laborales y unos sistemas de bienestar que sean justos y funcionen correctamente. El Principio 18 del Pilar Europeo de Derechos Sociales establece el derecho a acceder a cuidados de larga duración asequibles y de calidad. Recomendación del Consejo de 8 de diciembre de 2022 sobre el acceso a cuidados de larga duración de alta calidad asequibles (BOE.es — DOUE-Z-2022-70073 Recomendación del Consejo de 8 de diciembre de 2022 sobre el acceso a cuidados de larga duración de alta calidad asequibles.) (https://www.boe.es/buscar/doc.php?id=DOUE-Z-2022-70073).

en la satisfacción de fines de interés social que no siempre quedan cubiertos, o no en una medida suficiente, por la acción de la Administración Pública.

Aunque no existe un consenso en cuanto al concepto de «cuidados», algunos estudios sobre la materia, como es el promovido por la Confederación Española de Economía Social (CEPES)[10], remite a la definición dada por la Organización Internacional del Trabajo, entendiendo por tales «aquellas actividades realizadas para dar respuesta a las necesidades físicas, psicológicas y emocionales de una o más personas en la esfera pública y/o en la esfera privada, así como en la economía formal, en la economía informal y de forma no remunerada»[11].

Dentro de este concepto amplio, los servicios de atención a las personas de avanzada edad, los denominados «cuidados de larga duración»[12], constituyen una de las asignaturas pendientes en nuestro país, pues tradicionalmente este tipo de cuidados ha descansado —y descansan— en el entorno familiar (cuidados informales o no profesionales), y más concretamente en las mujeres (fundamentalmente, en las hijas). Podría decirse que se trata de un rasgo cultural de nuestro país, compartido con países cercanos (Italia, por ejemplo).

La mejora de las condiciones de los familiares que asumen el rol de cuidadores y la presencia más relevante de los cuidados formales (residencias, centros de asistencia, apoyo en el domicilio) prestados por el sector público y privado son dos vectores que requieren de políticas adecuadas.

No se puede desconocer el avance que, en este sentido, representa la Ley 39/2006, de 14 de diciembre, de promoción de la autonomía personal y atención a las personas en situación de dependencia (LAPAD)[13], en la que la atención integral —los cuidados— se concibe como un derecho subjetivo para la población en

---

[10] En este estudio se visibiliza en qué medida la necesidad de bienestar social y comunitario abre oportunidades para determinados sectores de actividad, entre ellos, los vinculados al envejecimiento activo, el ocio y la participación social de las personas mayores y de los menores, así como en el ámbito sociosanitario, educativo, trabajo social y asistencia doméstica (CEPES, *Los cuidados desde la Economía Social*, 2022, disponible en la dirección https://www.faecta.coop/fileadmin/documentos/PDF_FAECTA/ ESTUDIO_ES_Y_EC.pdf).

[11] CEPES, *Los cuidados…*, cit., pág. 16.

[12] El concepto tiene un significado más amplio pues integra a las personas con enfermedades crónicas o de larga evolución, incluidas aquellas que causan una discapacidad física o mental. La Organización Mundial de la Salud define los «cuidados de larga duración» como el sistema de actividades llevadas a cabo por cuidadores informales (familia, amigos o vecinos) o profesionales (sanitarios, sociales u otros), o ambos, para conseguir que una persona que no sea capaz de cuidar de sí misma mantenga la mejor calidad de vida posible, de acuerdo con sus preferencias individuales, con el mayor grado posible de independencia, autonomía, participación, realización personal y dignidad humana (https://www.sanidad. gob.es/estadEstudios/estadisticas/sisInfSanSNS/pdf/Cuidados_de_Larga_Duracion.pdf).

[13] Ley 39/2006, de 14 de diciembre, de Promoción de la Autonomía Personal y Atención a las personas en situación de dependencia (https://www.boe.es/eli/ es/l/2006/12/14/39/con).

situación de dependencia, y en particular para los mayores de 80 años. Esta norma constituye un hito importante en materia de derechos sociales, configurando un sistema mixto de prestaciones económicas y servicios, con el que se ha intentado ampliar y complementar la acción protectora del Estado y del Sistema de la Seguridad Social, y que cuenta con cerca de un millón de personas beneficiarias con prestación, de las cuales el 72% tiene 65 o más años[14].

Ahora bien, las limitaciones presupuestarias, las realidades que quedan fuera de la Ley —los que necesitan cuidados y no tienen el reconocimiento administrativo de «dependientes»—[15], y las numerosas deficiencias apreciadas en el funcionamiento de este sistema de atención integral a los dependientes (trabas administrativas, falta de coordinación, limitación de los servicios, etc.) son indicadores de lo mucho que queda por hacer en este campo de la acción pública[16].

La pandemia del COVID-19 ha sido, entre otras muchas cosas, una prueba de resistencia para nuestro modelo socioeconómico, poniendo en primer plano las limitaciones que presenta el sistema sanitario y, en conexión con este, el sistema público y privado de cuidados.

---

[14]   Oficina Nacional de Prospectiva del Gobierno de España, *España 2050…*, cit., p. 228.

[15]   Tal es el caso de la desatención a las cuidadoras de las personas mayores que no han logrado la calificación de «dependientes», así como a las cuidadoras de niños no enfermos. *Vid*. FARIAS BATTLE, Mercedes y ALFONSO SÁNCHEZ, Rosalía, «Economía social, economía de los cuidados y transición digital», 33.º Congreso Internacional del CIRIEC, Nuevas dinámicas mundiales en la era post-Covid; desafíos para la economía pública, social y cooperativa, Valencia 13-15 junio de 2022 (http://ciriec.es/valencia2022/wp-content/uploads/COMUN-019.pdf).

[16]   El estudio de prospectiva «España 2050» sintetiza los resultados alcanzados en los términos siguientes: «Esta Ley ha conseguido resultados muy positivos, como la mejora de la salud mental de quienes ejercen los cuidados o la reducción de hospitalizaciones asociadas al despliegue de servicios de atención a la dependencia. No obstante, aún hay cuestiones importantes pendientes de resolver, como la promoción de la autonomía, uno de los objetivos prioritarios de la ley y cuyo desarrollo ha sido muy limitado hasta el momento, o la reducción de las listas de espera y de la heterogeneidad en la cobertura, tanto entre comunidades autónomas como entre grados de dependencia y grupos socioeconómicos. Además, el hecho de que una parte importante de la financiación pública se haya dirigido a las prestaciones monetarias asociadas al cuidado familiar, aunque ha podido aumentar el bienestar de los hogares más necesitados, ha desvirtuado en cierta medida la filosofía inicial de la Ley (priorizar las prestaciones de servicios), y ha causado una serie de ineficiencias en el sistema que es necesario corregir» (véase p. 219). No menos crítico es el balance realizado por DIGITAL FUTURE SOCIETY en su informe *Los cuidados a domicilio y las plataformas digitales en España*, Red.es y Mobile World Capital, 2021, p. 24: «Aunque la LAPAD reconociera el derecho universal de los ciudadanos a recibir asistencia y aspirara a profesionalizar el sector de los cuidados a domicilio, en realidad, las familias siguen supliendo en gran medida las deficiencias de este sistema. Lo hacen encargándose ellas mismas de los cuidados o contratando a alguien más». Y, a todo esto, se estima que, «en las próximas tres décadas, el número de personas mayores de 65 años beneficiarias de ayudas a la dependencia en España podría duplicarse, pasando de las 806.963 actuales a más de 1.600.000 en 2050» (Oficina Nacional de Prospectiva del Gobierno de España, *España 2050…*, cit., p. 228).

La variada tipología de servicios que requieren las personas mayores supone un importante desafío para los poderes públicos, y exige un notable incremento del gasto público para evitar desigualdades en el acceso a los servicios sanitarios y asistenciales[17]. Estos servicios esenciales para la sociedad, como ha destacado la Comisión Europea, deben ser de calidad, asequibles y accesibles[18].

Aunque la acción europea aboga por la inversión pública para garantizar el acceso universal a los cuidados, no se puede obviar que hay espacio para que se pueda desarrollar una economía de los cuidados; y en este sentido, como refuerzo y complemento a la acción pública, este sector de la economía se presenta como una oportunidad para crecer en derechos sociales y transformar la realidad económica hacia una economía social, más centrada en el ciudadano. Este modelo mixto de acción pública y privada queda reflejado en el Plan de Recuperación, Transición y Resiliencia presentado por el Gobierno de España el 27 de abril de 2021 (PRTR), cuyo componente 22 se centra en un plan de choque para la economía de los cuidados[19], donde la iniciativa privada viene a configurarse como un mecanismo de refuerzo del conjunto de servicios sociales, constituyendo un ámbito propicio para promover la generación de empleo y la innovación.

Téngase en cuenta que la construcción de un sistema integral de cuidados que responda a los estándares de bienestar formulados en los planes estratégicos, acorde con los derechos fundamentales y la dignidad de las personas, conlleva el difícil reto de proporcionar soluciones adecuadas e inmediatas ante las numerosas, cambiantes y prolongadas necesidades que precisan las personas mayores dependientes. A ello se unen los múltiples factores sociales, económicos y culturales que determinan los diversos enfoques que puede tener el diseño del modelo de cuidados en cada país[20].

Así, por ejemplo, en nuestro país existe una clara preferencia por recibir los cuidados en el hogar, lo que tiene cierta lógica en un modelo cultural que pivota sobre la familia y la vivienda en propiedad del destinatario de los cuidados. Estas variables, sin embargo, van cambiado. El perfil del cuidador ha evolucionado a medida que se ha conseguido la progresiva integración de la mujer en el mundo laboral. Aun así, se mantiene la preferencia por recibir cuidados en el hogar a cargo de cuidadores

---

[17] El proyecto «España 2050» hace énfasis en la conveniencia de ampliar la cobertura y mejorar la calidad del sistema de cuidados de larga duración, elevando su financiación hasta cotas próximas al 2,5% del PIB en 2050, y con una mayor coordinación con el sistema sanitario (Desafío 5.º, objetivo 30).

[18] COMISIÓN EUROPEA, «Estrategia Europea de Cuidados», 2022, COM (2022) 440 final (https://eur-lex.europa.eu/legal-content/EN/TXT/?uri=CELEX%3A52022DC0440).

[19] https://planderecuperacion.gob.es/politicas-y-componentes/componente-22-plan-de-choque-para-economia-de-cuidados-y-refuerzo-de-politicas-de-inclusion

[20] Un enfoque de Derecho comparado en relación con el tratamiento fiscal de la edad en hasta diecinueve países se puede ver en VV.AA., *La edad...*, *op. cit*, p. 31 y ss.

no profesionalizados frente al modelo de atención en residencias[21]. Los cambios se han producido igualmente en el perfil de los destinatarios de los cuidados, con un significativo aumento de los hogares unipersonales, así como de los hogares en los que los cuidados se asumen en pareja, y donde los roles de cuidador y persona cuidada llegan a solaparse.

Las circunstancias expuestas dan una idea del porqué se hace necesaria una actuación complementaria, pública y privada, bien coordinada, y, asimismo, del potencial de crecimiento de las plataformas que intermedian en la economía de cuidados en nuestra país. Estos negocios ofrecen servicios profesionalizados que contribuyen a mejorar la calidad del envejecimiento, pues su oferta se adapta con mayor flexibilidad a las necesidades individuales de los mayores, preservando su independencia y autonomía en todo el ciclo de la vejez.

2. El auge de las plataformas de cuidados a domicilio

Las *plataformas de cuidados a domicilio* aparecen en el mercado como proveedores de un «mercado en línea»[22] para satisfacer la creciente demanda de servicios de asistencia física y apoyo doméstico. El catálogo de servicios es variado (fisioterapia, tratamiento psicológico, logopedia, nutrición, etc.), y se irá expandiendo con otras innovaciones tecnológicas (apps, supervisión por Internet, soluciones domóticas, etc.). Estos emergentes modelos de negocio, basados en la experiencia de las plataformas digitales, coordinan intercambios entre usuarios mediante herramientas tecnológicas, y se presentan como una solución a las limitaciones, e incluso vacío, de las políticas públicas para atender a las necesidades de las personas con dependencia en condiciones dignas.

No se puede descartar que, como ocurre en otros sectores de los mercados en línea, esta actividad principal se complemente con otros lucrativos negocios encaminados a la reutilización de los datos de usuarios (publicidad, listados de potenciales clientes, etc.), o bien con las contraprestaciones percibidas por alojar publicidad

---

[21]   La contratación de cuidadores profesionales, incluso el ingreso en una residencia, comporta unos costes que muchas familias no pueden asumir. Esta realidad está presente en la LAPAD, donde los «cuidados no profesionales» se definen como la atención prestada a personas en situación de dependencia en su domicilio, por personas de la familia o de su entorno, no vinculadas a un servicio de atención profesionalizada (art. 2.5 Ley 39/2006).

[22]   La Directiva sobre las prácticas comerciales desleales (Directiva 2005/29/CE, del Parlamento Europeo y del Consejo, de 11 de marzo de 2005) define el «mercado en línea» en su art. 2.1.m), entendiendo por tal «un servicio que emplea programas («software»), incluidos un sitio web, parte de un sitio web o una aplicación, operando como comerciante o por cuenta de este, que permite a los consumidores celebrar contratos a distancia con otros comerciantes o consumidores». Sobre los aspectos relacionados con las normas generales de contratación, VV.AA., *Contratación en el entorno digital*, dir. González Pacanowska, I. y Plana Arnaldos, M.ª C., Aranzadi, 2023.

en sus soportes digitales. El abanico de servicios que podrían albergar este tipo de plataformas es muy abierto, pues a través de ellas podrían llevarse a cabo iniciativas sin ánimo de lucro y de alto valor social que podrían ser encuadradas dentro de la denominada «economía colaborativa»[23]: bancos de tiempo para proporcionar unas horas de compañía a mayores, la gestión de un catálogo de ayudas asistenciales a partir de donativos de usuarios, etc.

A la tendencia ascendente de las empresas especializadas en servicios de cuidados en España se refieren FARIAS BATLLE y ALFONSO SÁNCHEZ, mencionando una muestra de los operadores que se han consolidado en estos últimos años[24]: Cuideo[25], Aiudo[26], Wayalia[27], Cuidum[28], Familiados[29], Joyners[30], Depencare[31], CuoreCare[32]. Y la lista sigue creciendo; Kuydamos[33] es un ejemplo: un proyecto empresarial, nacido en 2019, de ámbito regional (Castilla-La Mancha), que ha sido galardonada con varios premios como iniciativa empresarial innovadora de economía social[34].

Las plataformas proveedoras servicios de cuidados y otros servicios domésticos bajo demanda proliferan en países como Estados Unidos, el Reino Unido, la India, Sudáfrica o México[35]. En España, la presencia de las plataformas de cuidados es baja si se compara con otros sectores del mercado (ventas o alojamiento, por ejemplo)[36]. No obstante, se trata de una cuestión de tiempo. Nótese que el estudio

[23] Definida por la Comisión Europea como la integrada por «modelos de negocio en los que se facilitan actividades mediante plataformas colaborativas que crean un mercado abierto para el uso temporal de mercancías o servicios ofrecidos a menudo por particulares» (Comunicación «Una Agenda Europea para la economía colaborativa», de 2 de junio de 2016, COM (2016) 356 final). *Vid.* PASTOR DEL PINO, María del Carmen, «Las plataformas colaborativas como sujetos de colaboración social en la aplicación de los tributos», Retos y oportunidades de la Administración tributaria en la era digital, Ed. Aranzadi, 2019.

[24] *Vid.*, FARIAS BATLLE. Mercedes y ALFONSO SÁNCHEZ, Rosalía, «Economía social...», *op. cit.*, p. 10.

[25] https://www.cuideo.com

[26] https://www.aiudo.es

[27] https://www.wayalia.es

[28] https://www.cuidum.com

[29] https://www.familiados.com

[30] https://www.joyners.es

[31] https://www.depencare.com

[32] https://www.cuorecare

[33] https://www.kuydamos.es/

[34] https://cadenaser.com/castillalamancha/2023/10/31/la-empresa-de-la-provincia-que-logra-conectar-a-las-personas-que-quieren-ayudar-con-las-que-necesitan-ayuda-ser-ciudad-real/

[35] DIGITAL FUTURE SOCIETY, *Los cuidados a domicilio...*, cit., p. 11 (file:///C:/Users/mdes/Downloads/Cuidados_a_domicilio_y_plataformas_digitales_en_Espana_2020_1.pdf).

[36] El alojamiento es el servicio más utilizado en España, seguido del transporte y la alimentación. Los porcentajes de las plataformas de servicios profesionales, finanzas colaborativas y servicios son mucho más reducidos (Comité de personas expertas, *Libro Blanco...*, cit., p. 516).

de prospectiva «España 2050» enfatiza que nuestro país es considerado como uno de los mejores destinos del mundo para residir tras la jubilación, lo que se interpreta como una ventaja competitiva que ha de ser considerada al afrontar las iniciativas emprendedoras en este sector de la economía de cuidados: «si explotamos bien esta ventaja, nuestro país podría convertirse en un referente europeo y mundial en la prestación de servicios a personas mayores y generar en torno a ella una actividad económica notable, que vendría a sumarse a los beneficios reportados por la llamada *silver economy* en sectores como la movilidad, el ocio, la educación o la vivienda»[37].

Al gran potencial de estos negocios se refiere también la Comisión Europea en su Comunicación «Estrategia europea de cuidados»[38]. Se dice en dicho documento que se espera que los cuidados de larga duración sean la partida de gasto público relacionada con el envejecimiento de más rápido crecimiento. La inversión en el sector de cuidados se considera de gran impacto para contribuir a la justicia social, la igualdad de género y la creación de empleo. En concreto, enfatiza la Comisión que «puede generar impuestos y contribuciones sociales a partir de los empleos creados, así como de una mayor participación de las mujeres en el mercado laboral».

3. Caracterización y tipología

Un recorrido por los sitios virtuales desde los que operan estas iniciativas empresariales del sector de los cuidados a domicilio permite apreciar que estos modelos de negocios suelen combinar los «cuidados profesionales» con otros servicios relacionados con «actividades domésticas básicas de la vida diaria»; y lo hacen dentro de una plataforma electrónica, que pone en contacto a cuidadores y usuarios.

Desde este punto de vista, en las plataformas de cuidados se reconocen los rasgos característicos de las plataformas digitales o en línea: i) son prestadores de servicios de la sociedad de la información; ii) en un entorno digital; iii) mediante una estructura contractual triangular.

Por el tipo de servicios que proporcionan a los usuarios, las plataformas de cuidados se pueden considerar como prestadores de «servicios de la sociedad de la información» en los términos de la Ley 34/2002, de 11 de julio, de servicios de la sociedad de la información y de comercio electrónico, con independencia de que presten o no el servicio subyacente objeto de intermediación[39]. Como ha precisado

---

[37]   Oficina Nacional de Prospectiva del Gobierno de España, *España 2050...*, cit., p. 228.

[38]   https://eur-lex.europa.eu/legal-content/EN/TXT/?uri=CELEX%3A52022DC0440

[39]   La norma citada *supra* transpone la Directiva 2000/31/CE, de 8 de junio de 2000, del Parlamento Europeo y del Consejo, relativa a determinados aspectos jurídicos de la sociedad de la información, en particular el comercio electrónico en el mercado interior (en adelante, DCE). Y se ha de poner en relación con la Directiva 2015/1535 del Parlamento Europeo y del Consejo, de 9 de septiembre de 2015, por la que se establece un procedimiento de información en materia de reglamentaciones técnicas y de

el TJUE en la sentencia de 19 de diciembre de 2019, recaída en el asunto C-390/18, *Airbnb Ireland UC*, el servicio de intermediación que presta la plataforma es «disociable» de la transacción subyacente[40]. El objetivo no es la realización inmediata de la prestación entre vendedor y usuario, sino que se trata de «proporcionar un instrumento que facilite la conclusión de contratos en futuras transacciones».

Las plataformas de cuidados comparten esa característica, en ellas se reconoce como rasgo principal su condición de facilitadoras de las prestaciones de servicios de cuidados. El catálogo de servicios referidos a las necesidades de los dependientes coincide con las definiciones dadas por la LAPAD para los «cuidados profesionales» y las «actividades básicas de la vida diaria»[41], y encajan en el concepto de «servicios personales y domésticos» recogido en la Resolución del Parlamento Europeo, de 5 de julio de 2022, sobre el fomento de una acción europea común en materia de cuidados[42]. Dicho concepto es definido como un amplio abanico de actividades que contribuyen al bienestar de las familias y las personas, y que incluyen la atención a la infancia, los cuidados de larga duración y a personas con discapacidad, las tareas domésticas, las clases de recuperación, las reparaciones domésticas, la jardinería y la asistencia informática. Como se puede ver, se trata de una visión amplia de los cuidados en la que convergen servicios asistenciales y no asistenciales que están interconectados y, normalmente, son realizados por los mismos trabajadores del sector doméstico.

---

reglas relativas a los servicios de la sociedad de la información (en adelante, Directiva sobre información obligatoria). Con arreglo al art. 1.1.b) de esta última directiva, el concepto «servicio de la sociedad de la información», en el sentido de la DCE) comprende «todo servicio prestado normalmente a cambio de una remuneración, a distancia, por vía electrónica y a petición individual de un destinatario de servicios».

[40] En el caso controvertido, se califica como tal servicio de la sociedad de la información el realizado por Airbnb: el servicio de intermediación, prestado a cambio de una remuneración, que tiene por objeto poner en contacto mediante una plataforma electrónica a potenciales arrendatarios con arrendadores, profesionales o no profesionales, que propone servicios de alojamiento de corta duración y que, además, ofrece otras prestaciones, como una plantilla que define el contenido de su oferta, un servicio de fotografía, un seguro de responsabilidad civil y una garantía de daños, una herramienta de estimación de precio y servicios de pago relativos a las prestaciones de alojamiento. El servicio de intermediación es disociable de las transacciones inmobiliarias, su objeto es proporcionar un instrumento que facilite la celebración de contratos (ap. 53).

[41] La LAPAD proporciona en su art. 2 las definiciones para los conceptos «cuidados profesionales» y «actividades básicas de la vida diaria». Los primeros se refieren a «los prestados por una institución pública o entidad, con y sin ánimo de lucro, o profesional autónomo entre cuyas finalidades se encuentre la prestación de servicios a personas en situación de dependencia, ya sea en su hogar o en un centro». Se consideran actividades básicas de la vida diaria «las tareas más elementales de la persona, que le permiten desenvolverse con un mínimo de autonomía e independencia, tales: como el cuidado personal, las actividades domésticas básicas, la movilidad esencial, reconocer personas y objetos, orientarse, entender y ejecutar órdenes o tareas sencillas».

[42] https://eur-lex.europa.eu/legal-content/ES/TXT/?uri=CELEX:52022IP0278

Otro de los elementos comunes que presentan los proveedores de estos servicios es que su actividad se realiza a través de un entorno digital. Este factor tecnológico hace que las plataformas de cuidados participen del fenómeno más amplio de la «economía de plataformas».

No puede decirse que exista una definición que aglutine la gran variedad de plataformas en línea existentes y de sus ámbitos de actividad, todas ellas operando en un entorno digital en constante evolución. El Parlamento Europeo ha señalado a este respecto que «sería muy difícil acordar una definición de las plataformas en línea a escala de la Unión que sea única, jurídicamente pertinente y válida en el futuro» [43].

A pesar de esta dificultad conceptual, esta variada tipología de negocios permite celebrar contratos a distancia desarrollando un modelo multilateral de transacciones, en que pueden quedar involucradas tres o más partes. Como denominador común, se puede identificar una estructura contractual de carácter triangular, en la que la plataforma se sitúa en el vértice de un esquema contractual en el que se identifican tres tipos de relaciones: i) entre vendedor o suministrador de bienes y servicios y plataforma; ii) entre plataforma y usuario o destinatario final; y iii) entre vendedor o suministrador de bienes o servicios y usuario o destinatario final [44].

En esta estructura, el operador de la plataforma o proveedor del mercado en línea no es, en principio, parte de los contratos que puedan celebrar entre sí los usuarios de sus servicios (usuarios profesionales y destinatarios finales). Como ya se ha indicado, se limita a facilitar la interacción entre estos, creando el punto de encuentro entre oferta y demanda; y esta función de intermediación no se ve necesariamente comprometida por el hecho de que la plataforma preste a sus clientes determinados servicios accesorios o complementarios al contenido del contrato subyacente [45].

---

[43]   En este sentido, resulta de interés la Resolución del Parlamento Europeo de 15 de junio de 2017, sobre una Agenda Europea para la economía colaborativa (2017/2003 (INI) (https://eur-lex.europa.eu/legal-content/ES/TXT/PDF/?uri=CELEX:52017IP0272&from=ES). En este sentido, a efectos del IVA, la Propuesta de Directiva del Consejo por la que se modifica la Directiva 2006/112/CE en lo que respecta a las normas del IVA en la era digital, COM (2022) 701 final, nota al pie n. 24, describe la «economía de plataformas» como «un modelo multifacético de transacciones, en el que hay tres o más partes. En estas transacciones, una plataforma en línea facilita la conexión entre dos o más conjuntos de usuarios distintos pero interdependientes. En estas interacciones, una de las partes de la plataforma (proveedores o proveedores subyacentes) puede ofrecer servicios a la otra parte (consumidor) a cambio de una contraprestación económica. La plataforma suele cobrar una tasa a cambio de facilitar la operación» (file:///C:/Users/mdes/Downloads/090166e5f75f85b1.pdf).

[44]   MACHACONSES GARCÍA, Ester, «Las plataformas digitales: protagonistas actuales del Derecho tributario», *Aspectos jurídicos y fiscales de la economía colaborativa*, Tirant lo Blanch, Valencia, 2019, p. 178.

[45]   En este punto, algunos estudios enfatizan que las normas de protección de los consumidores exigen al proveedor del mercado en línea que informe de forma transparente sobre la concreta posición

Sin ánimo de exhaustividad, para comprender la dimensión de estos modelos de negocio, se pueden diferenciar cuatro modalidades de plataformas[46]:

a) Plataformas de alojamiento de datos (tablones de anuncios): aquellas que se limitan a alojar y divulgar publicidad o datos de contactos entre empresas o personas que ofrecen productos o servicios.

b) Plataformas de intermediación o facilitadoras: aquellas que facilitan las transacciones entre los vendedores o proveedores de servicios y los usuarios o destinatarios finales. Para ello les proporcionan los instrumentos técnicos necesarios para negociar, celebrar, e incluso ejecutar total o parcialmente los contratos a través de su infraestructura tecnológica.

c) Plataformas intermediarias con «influencia decisiva»: aquellas que gestionan de forma activa las transacciones entre los usuarios de la plataforma, ejerciendo un control o «influencia decisiva» sobre el proceso de celebración y ejecución de tales contratos y sobre la actividad de los suministradores[47].

d) Plataformas suministradoras de productos y servicios: aquellas que, «de hecho», (y con independencia de lo que resulte de sus declaraciones o de sus condiciones generales), no se limitan a controlar a los terceros suministradores, sino que suministran directamente los productos o servicios a los usuarios proporcionados por auxiliares. En este caso, la plataforma no actúa como un simple intermediario, sino como parte del contrato subyacente.

Esta clasificación es útil a la hora de identificar el régimen jurídico aplicable a las relaciones contractuales que surgen en estos entornos digitales. Por ejemplo, entre las plataformas de intermediación (facilitadoras o de influencia decisiva), aquellas que suelen operar en nombre propio y por cuenta de terceros empiezan a cobrar protagonismo en las regulaciones normativas que confluyen en la ordenación

---

que asume sobre el contrato subyacente (Díez Soto, Carlos Manuel, «Responsabilidad de los proveedores de mercados en línea por incumplimiento del contrato subyacente»», en *Contratación en el entorno digital*, dir. González Pacanowska, I. y Plana Arnaldos, M.ª C., Aranzadi, 2023, pp. 166 y ss.). Un aspecto que será relevante a efectos de depurar responsabilidades en casos de eventuales incumplimientos y que, a todas luces, interesa a la hora de identificar las consecuencias fiscales derivadas de su actuación.

[46] Un esquema más completo de estos diferentes modelos de negocio se puede ver en Díez Soto, Carlos Manuel, «Responsabilidad...», pp. 185 y ss.

[47] Esta modalidad de plataforma se corresponde con las de mayor dimensión (Amazon, Airbnb, Booking, etc.). Como señala el autor citado en la nota anterior, estas plataformas «no se limitan a facilitar a sus clientes los servicios auxiliares vistos en el caso anterior, sino que les imponen la celebración de los contratos a través de sus instalaciones virtuales, controlan las características y niveles de calidad de los suministradores y de los productos o servicios que ofrecen, uniformizan la presentación de las ofertas, determinan los términos y condiciones de los contratos (p. ej., el régimen de cancelación o devolución), imponen los precios, controlan el cumplimiento de los contratos y los pagos realizados, focalizan sobre sí mismas el marketing, y, en definitiva, pueden llegar a transmitir la impresión, de forma explícita o implícita, de que asumen una responsabilidad, al menos parcial, por el cumplimiento de los contratos».

de este fenómeno económico (civil, mercantil, laboral y tributario), pues a ellas se les imponen mayores niveles de diligencia debida.

La calificación que corresponda a estos negocios de intermediación en línea en modo alguno resultará desvirtuada por el hecho de que se ofrezcan a los clientes otros servicios accesorios o auxiliares. Cuestión distinta es que, a medida que crecen estas empresas y se va ensanchando el catálogo de servicios, se produzca un mestizaje en el que, para el usuario o destinatario final, resultará difícil identificar el tipo de plataforma con la que se relaciona. Incluso se puede apreciar una mutación en el concepto mismo de plataforma, pues su valor instrumental como agente que intermedia, que conecta a proveedores y clientes, se diluye en aquellos casos en los que presta directamente los bienes y servicios.

Las plataformas de cuidados que operan en nuestro país pueden encontrar encaje en esta variada tipología. Por ejemplo, Anciasist[48] es un buscador de asistentes y cuidadores, lo que sitúa a esta aplicación informática en la primera categoría (alojamiento de datos). No obstante, la tendencia de negocio desarrollado por los proveedores de plataformas de cuidados responde más bien al de plataformas de intermediación; en particular, a aquellas que participan de forma más activa en la contratación de los servicios entre cuidadores y usuarios, en las que el servicio de intermediación conlleva una labor de estudio del caso concreto para facilitar la contratación de los servicios y su seguimiento posterior (es decir, una actividad subsumible en la categoría de las plataformas facilitadoras o con influencia decisiva).

Más allá de los rasgos que comparten con los modelos empresariales de la economía de plataformas, las plataformas especializadas en los cuidados a personas mayores, presentan otras características que son igualmente relevantes a efectos de su tratamiento jurídico.

Las plataformas que operan en el incipiente mercado de cuidados iniciaron su andadura entre los años 2015 y 2018 y responden a un perfil de empresas de reducida dimensión. Así se desprende del informe de Digital Future Society[49], en el que, a partir del análisis de las ocho plataformas que nacen en el citado periodo (Cuideo, Aiudo, Depencare, Wayalia, Cuidum, Cuore Care, Joyners y Familiados), se esbozan los rasgos comunes de estas plataformas digitales:

— Todas ellas empezaron como *startups* y han ido creciendo hasta ofrecer servicios en numerosas localidades de España.
— La tecnología es una pieza clave para conectar a vendedores y usuarios, aunque no se puede afirmar que descansen en decisiones automáticas sin supervisión humana.

---

[48]   https://anciasist.com/
[49]   DIGITAL FUTURE SOCIETY, *Los cuidados a domicilio…*, cit., pp. 30 y ss.

— Tienen una sede en una ciudad española, algunas de ellas tienen presencia física en otras localidades (mediante oficinas, espacios de *coworking* o representantes).

— Ofrecen servicios en todo el país, aunque a diferentes escalas.

— En cuanto a la organización del personal, se distingue entre el personal que trabaja en las oficinas, que se sitúa en una horquilla entre los 5 de la plataforma más pequeña (Depencare) hasta los 50 de la que tiene mayor volumen de negocio (Cuideo), y los cuidadores activos, que oscilan entre los 180 y 3.270 en la muestra analizada.

Los modelos de negocio predominantes son agencias de colocación[50] digitales (encuentran a un cuidador en menos de 24-48 horas de media) y modelos bajo demanda (suelen proporcionar servicios de corta duración, garantizando un cuidador en menos de una hora[51]). En particular, Cuideo y Depencare, eligen a los cuidadores y formalizan la relación laboral con las familias (el contrato y el alta del cuidador en el Sistema Especial de Empleados de Hogar). Otras plataformas se limitan a poner en contacto al cuidador con la familia y, en el caso de que se solicite, se ocupan de la contratación y el alta de la persona trabajadora en la Seguridad Social. Por ejemplo, Topayuda[52] ofrece un servicio de intermediación gratuito (pone en contacto a clientes y cuidadores, que combina con herramientas más avanzadas y de pago; y Care.com[53] podría servir para ilustrar el modelo de plataforma que se limita a poner en contacto a cuidadores (proveedores de servicios) y usuarios.

En algunos casos, estos operadores de plataforma actúan como proveedores de servicios mediante un convenio con los organismos locales. En esta modalidad de negocio, la plataforma contrata directamente a una pequeña parte de las cuidadoras para que presten servicios a clientes ancianos y dependientes que cumplan con los requisitos para recibir cuidados a domicilio con financiación del Estado, según establece el Sistema para la Autonomía y Atención a la Dependencia (SAAD).

Por su actividad, algunas plataformas cobran a sus clientes un cargo inicial (entre 250 y 370 euros) que incluye la identificación de las necesidades del cliente y la selección del cuidador, con las tareas legales y administrativas para la contratación

---

[50] Las agencias de colocación se encuentran reguladas en el Real Decreto 1796/2010, de 30 de enero. Se trata de entidades públicas o privadas que realizan actividades que tienen por finalidad proporcionar trabajo a personas desempleadas. A tal fin valoran perfiles, aptitudes o conocimientos de las personas desempleadas y también pueden realizar actuaciones de búsqueda de empleo. La actuación de todas estas entidades está coordinada por los Servicios Públicos de Empleo.

[51] Los cuidadores suelen ser profesionales sociosanitarios cualificados que usan las plataformas para obtener ingresos adicionales (DIGITAL FUTURE SOCIETY, *Los cuidados a domicilio...*, cit., p. 38).

[52] https://topauda.es

[53] https://care,co,/es-es/

y el alta en el Sistema Especial de Empleados del Hogar. Una vez formalizada la contratación, se establece una cuota mensual (unos 80 euros).

En el modelo de plataformas bajo demanda (cuidados de corta duración o por horas), la operatoria es similar a la de las plataformas de otros sectores. En concreto, la plataforma se lleva una parte de la tarifa por hora que perciben las cuidadoras. Por ejemplo, Familiados aplica una comisión del 14% con un mínimo de 2 euros, y Joyners se queda entre un 10% y 35%, dependiendo del servicio. Las trabajadoras fijan su tarifa horaria y la plataforma establece un precio mínimo de 8 euros por hora. Estas plataformas se especializan en ofrecer servicios urgentes y puntuales a corto plazo, a través de una web (Familiados) o una aplicación móvil (Joyners).

No puede dejar de mencionarse que, en paralelo a este modelo de plataformas de intermediación, empieza a cobrar fuerza un modelo alternativo en el ámbito del cooperativismo bajo el concepto de «cooperativas de plataforma»[54]. En este caso, desaparece la figura del operador de plataforma. Se trata de un movimiento que busca la digitalización y modernización de las cooperativas a través de la utilización de *software* de código abierto y tecnología *blockchain* en plataformas que, siendo titularidad de los cooperativistas o de una o varias cooperativas, ofrecen productos y servicios sin intermediación, esto es, conectando directamente a proveedores de bienes y servicios con los clientes (un ejemplo, es la americana Up & Go Coop[55])[56]. Las cooperativas de trabajo asociado, así como las de consumidores y usuarios, se presentan como fórmulas jurídicas que, por su principios y valores, posibilitan la participación y autogestión que, como es sabido, son características estructurales de

---

[54]   Scholz, Trebor, *Cooperativismo de plataforma. Desafiando la economía colaborativa corporativa*, Dimmons, Barcelona, 2016.

[55]   https://www.upandgo.coop/pages/about

[56]   El avance de las plataformas de cooperativas que utilizan la tecnología *blockchain* con respecto a las surgidas en la etapa colaborativa es significativo. Estas plataformas proporcionan una base de datos compartida que se actualiza en tiempo real y que puede procesar y liquidar transacciones en minutos sin necesidad de una verificación de tercero, generando un «mercado automatizado y desintermediado». *Vid.* Pastor Sempere, Carmen, «Digitalización y cooperativas de plataforma», *Noticias de la economía social y cooperativa*, n. 88, 2021, p. 47 (https://ciriec.es/wp-content/uploads/2022/05/Revista_68_CIDEC_tema_actualidad.pdf). El importante papel de las entidades de economía social que utilizan las plataformas digitales ha sido destacado en el informe de la Comisión de Empleo y Asuntos Sociales del Parlamento Europeo, aprobado en diciembre de 2023, sobre la propuesta de directiva de la Comisión Europea para mejorar las condiciones laborales en el trabajo de plataformas digitales: «las cooperativas podrían constituir un instrumento importante para la organización ascendente del trabajo de plataformas y podrían fomentar la competencia entre plataformas. Los Estados miembros deben proteger y promover las empresas cooperativas y las pequeñas empresas por medios que tengan por objeto salvaguardar el empleo y garantizar su capacidad de desarrollo y crecimiento sostenibles» (https://www.europarl.europa.eu/doceo/document/A-9-2022-0301_ES.html).

la economía colaborativa y la economía social[57]. Aunque se denominan plataformas, en este tipo de negocios la figura del operador (esto es, del intermediario o facilitador) ha desaparecido, tan solo queda el componente tecnológico (la plataforma). Y, en este sentido, se podría decir que este fenómeno se aleja de la economía de plataformas (del esquema relacional triangular) y responde a un proceso de digitalización o modernización de los negocios tradicionales.

III. RIESGOS FISCALES ASOCIADOS A LA ECONOMÍA DE PLATAFORMAS

Los impuestos sobre la renta constituyen el eje vertebrador de los sistemas tributarios de las democracias avanzadas, y sobre dichas figuras se han construido las bases de una fiscalidad internacional llamada a proporcionar un cierto equilibrio en la interacción de las soberanías fiscales y evitar las situaciones de sobreimposición (doble imposición internacional) así como la prevención de la evasión y elusión fiscales y la no discriminación.

La pauta general a la hora de organizar el reparto de la potestad tributaria entre los países pertenecientes a la OCDE ha consistido en que las rentas derivadas del ejercicio de la actividad económica deben tributar en el país de residencia de su perceptor, salvo en el caso de que dicha persona cuente con un establecimiento permanente (EP) en el país de la fuente a través del cual se genera la totalidad o parte de la renta. De ser así, se reconoce a dicho Estado la posibilidad de someter a gravamen las rentas del EP.

El funcionamiento de estas reglas de juego ha sido posible mediante una extensa red de tratados internacionales de carácter bilateral, los denominados convenios para evitar la doble imposición (CDI). Los suscritos por España, configurados bajo el modelo de Convenio de la OCDE (MC OCDE), fijan los criterios de reparto de las potestades tributarias entre los Estados signatarios y las concretas medidas para evitar y, en su caso, corregir las situaciones de doble imposición.

Esta ordenación de los instrumentos fiscales clásicos para la prevención y resolución de controversias de alcance transnacional se ha visto superada ante las posibilidades que el medio digital abre a las empresas en una economía globalizada. Las entidades empresariales, en este nuevo escenario tecnológico y económico, pueden realizar sus actividades económicas en uno o varios países sin necesidad de presencia física en ninguno de estos territorios —el mercado digital no tiene fronteras—. Adicionalmente, la acumulación, tratamiento y explotación de las cantidades ingentes de datos de los internautas que acceden a una plataforma digital

---

[57] En este sentido, DEL PINO DOMÍNGUEZ CABRERA, María, «La relación de la economía colaborativa con el modelo de consumidores y usuarios, *Revista Aranzadi Doctrinal*, n. 5/2019, disponible en Aranzadi Insignis (BIB 2019, 2843).

se ha convertido en una lucrativa fuente de ingresos basada en intangibles de difícil valoración y no siempre clara calificación jurídica.

La combinación de tecnología y globalización presente en los modelos de negocios que aglutinan las plataformas propicia prácticas nocivas para los intereses recaudatorios de los países. La tendencia a la deslocalización de estos operadores jurídicos, de sus activos, y/o de sus rentas, así como a la precariedad de los proveedores subyacentes (la denominada «uberización») son algunos de los riesgos que han hecho que se tambalee la consistencia de los sistemas tributarios. Estas potenciales amenazas no son ajenas a las plataformas de cuidados a domicilio, especialmente cuando abordan procesos de expansión geográfica del negocio[58].

La realidad descrita justifica que cualquier aproximación a las implicaciones fiscales de los negocios de plataformas deba tener en cuenta los profundos cambios que se están produciendo a nivel internacional y europeo, también a nivel estatal, para que los beneficios procedentes de estas actividades digitales no escapen a los sistemas tributarios de los países o territorios en los que se generan los beneficios[59]. Con tal propósito, los apartados siguientes esbozan las líneas de actuación que en tal sentido se van abriendo paso en la política fiscal internacional, y en concreto de la UE, sin perder de vista que la búsqueda de una tributación justa es un mandato constitucional para el Estado español (art. 31.1 CE).

1. La deslocalización de las plataformas digitales

El fenómeno de la deslocalización de las entidades empresariales obedece a razones diversas y complejas, pero lo cierto es que las empresas tecnológicas se han servido de las limitaciones de las reglas de fiscalidad internacional concebidas para gravar la renta de estructuras empresariales con presencia física[60].

[58] Resulta de interés el informe del CESE (Comité Económico y Social Europeo), que, bajo el título «*Towards the «Uber-isation» of Care? Platform work in the sector of long-term home care and its implications for workers' rights*», analiza este modelo de negocio digital a partir de casos prácticos de plataformas de cuidados («Curafides» en Australia, «Home Care Direct» en Irlanda, y «Equal Care Co-op» en el Reino Unido). El informe se puede localizar en la dirección: https://www.eesc.europa.eu/sites/default/files/files/qe-02-20-092-en-n.pdf

[59] Sobre esta cuestión y las nuevas bases sobre las que se intenta cimentar el cambio de la fiscalidad internacional, resultan de interés las reflexiones de GARCÍA NOVOA, César, «Nuevas tendencias en la tributación indirecta a nivel internacional», en *Desafíos fiscales en un mundo post-COVID*, dirigido por Ramos Prieto, Jesús. Tirant lo Blanch, 2023, p. 434.

[60] PEDROSA LÓPEZ, José Carlos, «Análisis histórico del concepto de establecimiento permanente en el artículo 5 del Modelo de Convenio OCDE», *Revista Técnica Tributaria*, n. 125, pp. 57 y ss. (https://www.aedaf.es/es/documentos/descarga/43992/analisis-historico-del-concepto-de-establecimiento-permanente-en-el-articulo-5-del-modelo-de-convenio-ocde).

Tecnología, datos y globalización son elementos esenciales para las plataformas digitales que ponen en contacto a proveedores de bienes y servicios con los usuarios locales, cobrando por tal servicio una comisión (entre las pioneras, Amazon, Airbnb, Uber, etc.). El medio digital facilita a estos intermediarios la posibilidad de escapar a la tributación en el Estado o Estados donde se desarrolla el negocio y se genera la renta o beneficio empresarial: para ello basta con ubicar la residencia en otro país o territorio (europeo o tercero) de baja o nula tributación. En ocasiones, el proceso de salida se secuencia mediante la construcción de complejas estructuras, en las que se lleva a cabo una reestructuración de las funciones entre las empresas que forman parte del grupo para trasladar los riesgos y funciones de las filiales locales a las matrices situadas en otros Estados o jurisdicciones fiscales.

La búsqueda y puesta en marcha de soluciones a estos problemas es uno de los objetivos de las políticas fiscales que se van concretando a nivel internacional y europeo. Así queda enfatizado en el *Libro Blanco para la Reforma Tributaria*[61], presentado públicamente el 22 de febrero de 2022. En el apartado dedicado a la economía digitalizada y actividades emergentes, el Comité de expertos centra la atención en el Plan de Acción BEPS[62], un proyecto ambicioso que recoge las soluciones propuestas en el marco de la OCDE y del G-20 para corregir las disfunciones de los sistemas tributarios nacionales ante los retos de la economía digital, y que es objeto de seguimiento y actualización[63] sobre la base de dos pilares:

— En el marco del denominado «Pilar Uno» se busca un reparto justo de la tributación de la renta, reconociendo unos mínimos derechos impositivos a las jurisdicciones de mercado respecto del beneficio residual de un

[61] COMITÉ DE PERSONAS EXPERTAS, *Libro Blanco para la Reforma Tributaria*, IEF, 2022, pp. 500 y ss.; Sanz Gadea, Eduardo, «Presente, pasado y futuro del Impuesto sobre Sociedades», *Los modelos de negocio en la era digital*, dir. Malvárez Pascual, L.A., Pita Grandal, A.M.ª, Martos García, J.J., Aranzadi, 2023, pp, 283 y ss.

[62] El Proyecto sobre Erosión de la Base Imponible y Traslado de Beneficios (BEPS por sus siglas en inglés), publicado en 2015, y estructurado en 15 acciones, es el resultado de los esfuerzos realizados en el marco de la OCDE para hacer frente a la evasión fiscal de las grandes multinacionales que lideran el mercado digital.

[63] El Plan BEPS se concibe como un programa de actuación dinámico, lo que permite que se sigan adoptando medidas para solucionar disfunciones o lagunas a través del denominado «Marco Inclusivo BEPS», integrado por 137 países y jurisdicciones, que representan más del 90% del PIB mundial. En este contexto se ha acordado un plan de acción detallado que prevé la aplicación de las nuevas normas para 2023, organizado en dos pilares. OCDE, *Enfoque de dos pilares para abordar los desafíos fiscales derivados de la digitalización de la economía*, octubre 2021 (https://www.oecd.org/tax/beps/puntos-destacados-enfoque-de-dos-pilares-para-abordar-los-desafios-fiscales-derivados-de-la-digitalizacion-de-la-economia-octubre-2021.pdf).

número muy reducido de grupos multinacionales, pertenecientes o no al mundo digital[64].

— Con el «Pilar Dos» se intenta frenar el impacto nocivo de la competencia fiscal en el marco del impuesto sobre sociedades mediante la aprobación de una imposición mínima global sobre los beneficios, fijada en el 15%, que servirá a los países para proteger sus bases imponibles (reglas GloBE) y garantizar una tributación mínima efectiva en la imposición societaria[65].

La adaptación de los sistemas tributarios nacionales, en lo que se refiere a la imposición de los beneficios de los negocios digitales, ha de discurrir por esta hoja de ruta. Mientras se progresa en la concreción de estas nuevas reglas fiscales, España ha optado por experimentar con el establecimiento de un controvertido Impuesto sobre Determinados Servicios Digitales (IDSD). Este tributo nace con una vocación temporal[66] para gravar a las grandes tecnológicas —aquellas que presentan una cifra de negocio superior a 750 millones de euros y un importe de ingresos derivados de las prestaciones de servicios digitales superior a 3 millones de euros una vez aplicadas las reglas para el cálculo de la base imponible—. Aunque se concibe como impuesto indirecto, persigue el gravamen de la actividad generada en nuestro territorio por las grandes plataformas digitales con independencia de que estas tengan o no presencia en nuestro territorio. A tal efecto, su hecho imponible se concreta en las prestaciones de servicios digitales, a saber: la inclusión en una interfaz digital de publicidad («servicios de publicidad en línea»); la puesta a disposición de interfaces digitales multifacéticas que permitan a sus usuarios localizar a otros usuarios o in-

---

[64]   La propuesta intenta salvar los problemas que plantea la definición de una nueva modalidad de «establecimiento permanente digital» (EPD) basado en la «presencia económica significativa» en un mercado nacional. Para ello se reconocen a los países derechos de imposición sobre el 25% de los beneficios residuales de las multinacionales más grandes y rentables, que se reasignarán entre las jurisdicciones donde se encuentran los clientes y usuarios de esas empresas. La puesta en práctica de esta medida no es nada fácil, pues implica un laborioso proceso de revisión y adecuación de los numerosos CDI. Una visión general de las implicaciones del Primer Pilar se puede encontrar en RAMOS HERRERA, Antonio José, «Breves pinceladas sobre la relevancia del Primer Pilar en la adaptación del sistema de fiscalidad internacional a los desafíos que presenta la economía digital», en *Los modelos de negocio en la era digital*, dir. Malvárez Pascual, L.A., Pita Grandal, A.Mª, Martos García, J.J., Aranzadi, 2003, p. 311.

[65]   MARTÍNEZ LAGUNA, Félix Daniel, «El pilar de 2 de la OCDE: régimen, inconsistencia y potenciales incompatibilidades», *Desafíos fiscales en un mundo post-COVID*, dirigido por Ramos Prieto, J., Tirant lo Blanch, 2023, pp. 63 y ss.

[66]   De aplicación mientras no entren en vigor las normas que incorporen una solución global para la tributación internacional de las multinacionales. Tras el acuerdo alcanzado en el Marco inclusivo de BEPS de la OCDE/G20 en octubre de 2021, el Estado español se ha comprometido políticamente (junto con Austria, Francia, Italia y Reino Unido) a retirar el impuesto en el momento en el que entre en vigor el Pilar I o, de no hacerlo antes, el 31 de diciembre de 2023, a cambio de que EEUU no aplique penalizaciones comerciales.

teractuar con ellos, o incluso facilitar entregas de bienes o prestaciones de servicios subyacentes directamente entre usuarios («servicios de intermediación en línea»); y la transmisión, incluida la venta o cesión, de los datos recopilados de los usuarios por actividades desarrolladas por estos mismos en las interfaces digitales («servicios de transmisión de datos»).

A nivel europeo, cabe destacar los avances alcanzados con la reciente aprobación de la Directiva (UE) 2022/2523 del Consejo, de 15 de diciembre de 2022, relativa a la garantía de un nivel mínimo global de imposición para los grupos de empresas multinacionales y los grupos nacionales de gran magnitud en la Unión[67]. Con esta medida, la UE toma la iniciativa para garantizar que los Estados miembros cumplan efectivamente su compromiso de alcanzar un nivel mínimo de imposición (Pilar Dos) convirtiendo en Derecho de la Unión las recomendaciones formuladas por la OCDE.

La Directiva persigue establecer un marco eficiente y coherente en cuanto al nivel mínimo global de la imposición a escala de la Unión de grandes estructuras empresariales, aquellas que suponen un umbral anual de al menos 750 millones de euros de ingresos consolidados, incluidos los grupos de empresas exclusivamente nacionales[68]. Para garantizar esta tributación mínima efectiva, tal como se expone en su considerando segundo, se crea un sistema de dos normas interconectadas (reglas GloBE), en virtud de las cuales, cada vez que el tipo impositivo efectivo de una empresa multinacional en una jurisdicción determinada sea inferior al 15%, se deberá recaudar una cuota tributaria adicional (denominada «impuesto complementario»). Estas dos reglas interconectadas son: i) la regla de inclusión de rentas[69]; y ii) la regla sobre beneficios insuficientemente gravados[70].

---

[67] https://www.boe.es/buscar/doc.php?id=DOUE-L-2022-81923

[68] La Directiva tiene en cuenta ciertas situaciones en las que los riesgos de erosión de la base imponible y traslado de beneficios son bajos. Tal es el caso de las empresas multinacionales que se encuentran en la fase inicial de su actividad internacional, a fin de no desincentivar el desarrollo de actividades transfronterizas para grupos multinacionales que se benefician de una fiscalidad baja en su jurisdicción nacional, esto es, donde desarrollan el grueso de su actividad (considerando 14). Incluso se prevé una exclusión de *minimis* para los grupos de empresas multinacionales o los grupos nacionales de gran magnitud que tengan un volumen de negocios medio inferior a 10 millones de euros y unas ganancias o pérdidas admisibles medias inferiores a un millón de euros en una jurisdicción determinada (considerando 18).

[69] El régimen de inclusión de la renta (*income inclusion rule*) implica que la entidad matriz de un grupo multinacional o un de un grupo local de gran magnitud, residente en un Estado miembro de la UE, tribute respecto de las rentas obtenidas por sus filiales en jurisdicciones fiscales cuyo tipo efectivo de gravamen sea inferior al 15%.

[70] El régimen de pagos infravalorados (*undertaxed payments rule*) se centra en las filiales residentes en un Estado miembro cuya entidad matriz última resida en una jurisdicción fiscal que no qplique el régimen de inclusión de renta, estas deberán satisfacer la parte de la imposición que corresponda con arreglo al régimen de inclusión. Sobre estas medidas, *vid.* Sanz Gadea, Eduardo, «Presente...», *op. cit.,* p. 288.

La progresiva puesta en marcha de esta reforma fiscal[71] y el perfil de las empresas a las que va dirigida hacen que este marco regulatorio resulte alejado de la realidad de las plataformas que empiezan a operar en la economía de cuidados en nuestro país, en su mayoría pymes innovadoras.

En este sentido, sin restar importancia a estos avances en la política fiscal de la UE, incluso a las soluciones de compromiso que se concretan en la formulación de códigos de conducta o códigos de buenas prácticas[72], las medidas apuntadas no resuelven los riesgos fiscales asociados al comercio electrónico en el que encuentran encaje las plataformas de cuidados que empiezan a crecer y consolidarse como nuevos actores en el mercado digital[73].

La actuación de la UE comprende, además de la propuesta apuntada que garantiza una tributación mínima efectiva, un paquete de medidas con otras dos propuestas de directivas. Una de ellas introduce un marco común para el cálculo de la base imponible del impuesto sobre sociedades para grupos que operen en la Unión. En concreto, cuando los ingresos anuales combinados sean al menos 750 millones, y la entidad matriz última posea al menos el 75% de los derechos de propiedad o de los derechos que dan derecho a los beneficios. No obstante, las reglas de cálculo serán de aplicación discrecional para grupos siempre que preparen estados financieros consolidados (*Proposal for a Council Directive on Business in Europe: Framework for Income Taxation*, BEFIT por sus siglas en inglés)[74]. La segunda propuesta tiene por

---

[71]   Téngase en cuenta que el plazo para la incorporación al Derecho interno de los Estados miembros se ha fijado al 31 de diciembre de 2023. A estos efectos, el considerando 29 de la Directiva señala que «la Unión actuará de conformidad con el calendario establecido en la Declaración sobre la solución basada en dos pilares para abordar los desafíos fiscales derivados de la digitalización de la economía acordada el 8 de octubre de 2021 por el Marco Inclusivo de la OCDE/G20 sobre la erosión de la base imponible y el traslado de beneficios (en lo sucesivo, «Declaración del Marco Inclusivo de la OCDE/G20 de octubre de 2021 sobre la erosión de la base imponible y el traslado de beneficios»), según el cual el Pilar Dos debe incorporarse al ordenamiento jurídico en 2022, para que se haga efectivo en 2023 y la regla de beneficios insuficientemente gravados entre en vigor en 2024».

[72]   Por ejemplo, el «Código de conducta sobre la fiscalidad de las empresas», en su versión revisada, aprobada el 8 de noviembre de 2022. Sobre el seguimiento de este compromiso político por parte del Grupo del Código de Conducta, véase el sitio: https://www.consilium.europa.eu/es/council-eu/preparatory-bodies/code-conduct-group/

[73]   Según el estudio realizado en 2022 por Cepes, bajo el título «Los cuidados desde la Economía Social» (pág. 5), la situación de este sector de actividad se resume en estos datos: i) el 88% de la economía de cuidados se canaliza a través de sociedades limitadas, siendo un 6,3% el porcentaje que ocupan las cooperativas que operan en este sector económico; ii) se trata de un sector compuesto, principalmente, por micro y pequeñas empresas, (con ingresos inferiores a 2 millones de euros); y iii) los ingresos promedio anuales de las empresas y entidades de la economía de cuidados son de 110.000 euros.

[74]   Una vez aprobada por unanimidad por el Consejo, debería entrar en vigor el 1 de julio de 2028, sustituyendo a las propuestas anteriores encaminadas a la configuración de una base imponible común consolidada (BICIS y BICCIS). La versión en inglés de la propuesta de directiva se puede encontrar

objeto armonizar las normas sobre precios de transferencia (*Proposal for a Council Directive on tranfer pricing*)[75], dirigida a las entidades y establecimientos permanentes situados en algún Estado miembro que realicen operaciones vinculadas, garantizando que tales transacciones se realizarán en condiciones de mercado.

De particular interés resultan las medidas propuestas por la Comisión para mejorar la competitividad de las pymes que inician un proceso de expansión internacional, en las que se prevé un sistema denominado «Impuesto en Sede» (*Proposal for a Council Directive establishing a Head Office Tax system for micro, small and medium sized enterprises, and amending Directive 2011/16/EU*)[76], con el que se persigue simplificar el cumplimiento de las obligaciones fiscales permitiendo que estos contribuyentes puedan cumplir sus obligaciones fiscales a través de una única Administración tributaria.

En tanto se aprueban estas medidas, tratándose de operadores de plataformas de cuidados que presenten un componente transfronterizo, habrá que prestar atención a dos cuestiones: ¿dónde deben pagar estas entidades empresariales por su actividad de intermediación en los servicios de cuidados?, ¿y si obtienen otro tipo de rendimientos —cánones— por el uso de los datos?

2. Las plataformas de cuidados: ¿residentes o establecimientos permanentes?

En el actual contexto de despegue de la economía de cuidados, las plataformas que se abren camino en España aparecen ligadas al territorio, operan en áreas geográficas delimitadas y revisten la forma de entidades con personalidad jurídica (en su mayoría sociedades limitadas, con una facturación inferior a 2 millones de euros)[77], por lo que se trata de contribuyentes que tributan como residentes en el Impuesto sobre Sociedades (IS) según las rentas que obtienen por sus actividades. El art. 8 de la Ley reguladora de este impuesto (Ley 27/2014, de 27 de noviembre), tendrán tal consideración las entidades en las que concurra alguno de los siguientes requisitos: a) que se hubieran constituido conforme a las leyes españolas; b) que

---

en la dirección: https://taxation-customs.ec.europa.eu/system/files/2023-09/COM_2023_532_1_EN_ACT_part1_v6.pdf

[75]   Una vez aprobada por unanimidad por el Consejo, su entrada en vigor tendría lugar el 1 de enero de 2026. La versión en inglés se encuentra disponible en el siguiente enlace: https://taxation-customs.ec.europa.eu/system/files/2023-09/COM_2023_529_1_EN_ACT_part1_v7.pdf

[76]   De aprobarse por la Comisión, las medidas previstas se aplicarían a partir del 1 de enero de 2026. La versión en inglés se puede consultar en el siguiente enlace: https://taxation-customs.ec.europa.eu/system/files/2023-09/COM_2023_528_1_EN_ACT_part1_v4.pdf

[77]   Más del 92% de las empresas y entidades de la economía de los cuidados adopta la forma jurídica de sociedad mercantil (88% sociedades limitadas, seguido por sociedades anónimas en un 4,1%). La Economía social representa el 8% del total de las empresas y entidades que operan en este sector. Véase Cepes, *Los cuidados...*, cit., pp. 31 y ss.

tengan su domicilio social en territorio español; y c) que tengan su sede de dirección efectiva en territorio español.

La presencia de plataformas de cuidados establecidas en el extranjero y que operan en nuestro territorio es, por el momento, poco significativa (p.ej., Care. com[78], Topayuda[79] y Yoopies[80])[81]. El modelo de negocio digital de estas empresas, como se ha apuntado, es el de una plataforma digital que intermedia en la formalización del contrato de prestación de servicios (un asistente personal, un servicio de acompañamiento por horas, etc.) a través de la web de una empresa radicada en el extranjero. Y, junto a esta actividad principal, pueden surgir vías de ingresos accesorias por publicidad, cesión de datos, etc.

Este formato de empresas abre la posibilidad de crecer en el mercado digital y hacer negocios con clientes de otros ámbitos geográficos en los que los titulares de las plataformas no tienen presencia física (intermedian a través de una plataforma electrónica), ni a veces presencia fiscal. Por consiguiente, como ocurre en otros sectores de la economía digital, existe el riesgo de que se generen prácticas de «parasitismo» [82] por parte de empresas que, sin presencia física o con presencia muy limitada, aprovechan la infraestructura e instituciones de un país sin contribuir a su sostenimiento, haciéndolas de mejor condición que las empresas establecidas en dicho territorio.

El gran reto que se plantea en la fiscalidad internacional y de la UE es que los negocios digitales sean sometidos a una tributación justa y, como se ha señalado, para ello es necesario identificar en qué jurisdicción van a ser sometidos a gravamen los beneficios empresariales o el valor que estas empresas generan a partir de la gestión de datos, conocimiento o activos intangibles.

Tratándose de empresas localizadas en países con los que no existe convenio para evitar la doble imposición, la posibilidad de que estas entidades operen en España mediante un EP implicaría su sujeción a gravamen en nuestro país en la condición de contribuyentes del Impuesto sobre la Renta de No Residentes (IRNR). A

---

[78]   «Care.com Europe GmbH» se encuentra domiciliada en Berlín (https://www.care.com/es-es/).
[79]   «Topayda» es un sitio creado por la empresa INELAND LTD, con domicilio social: C/O Capital Horizon, Maeva Tower, CNr Silicon Ave ¬ Bank St, 72201 Enene Maurice. La página web topayuda está alojada en London (United Kingdom) por la sociedad OVH Hosting LTD 5 Fitzwilliam Place, Dublin 2, Ireland. Registration number: 468585 – VAT number 9520632R (https://topayuda.es/legal-informations).
[80]   «Yoopies» está presente en 19 países y, en Europa, está registrada en Francia (https://yoopies-product-marketing.s3.eu-west-3.amazonaws.com/legal/Yoopies_Terms_and_Conditions_International_English_05.2023.pdf).
[81]   DIGITAL FUTURE SOCIETY, *Los cuidados a domicilio...*, cit., p. 29.
[82]   COMISIÓN EUROPEA, «Un sistema impositivo justo y eficaz en la Unión Europea para el Mercado Único Digital», COM/2017/0547 final (https://eur-lex.europa.eu/legal-content/ES/TXT/PDF/?uri=CELEX:52017DC0547).

tal efecto, la norma reguladora de este impuesto[83] atribuye la condición de EP a las «instalaciones o lugares de trabajo de cualquier índole» (art. 13.1.a) TRLIRNR)[84].

De existir un CDI[85] entre el Estado español en el que se desarrolla el negocio y el Estado en el que tiene su sede la mercantil titular de la plataforma, habrá que atender a lo dispuesto en el convenio.

En este punto, también se han de considerar los cambios impulsados desde el Plan de Acción BEPS para la revisión y mejora del concepto de EP contenido en el MC OCDE (art. 5) a fin de adaptar la figura a los nuevos modelos de negocio y combatir algunas prácticas encaminadas a la elusión artificiosa del estatus de EP.

Sin necesidad de reproducir el texto del MC OCDE, cabe señalar que el concepto tradicional de EP manejado en el modelo de convenio se corresponde con «un lugar fijo de negocios», entendido como el lugar en el que un contribuyente no residente realiza las actividades propias de su negocio y, por consiguiente, donde se generan beneficios empresariales. Bien entendido que, a estos efectos, se entienden excluidas aquellas actividades que generan otro tipo de rentas (dividendos, intereses, etc.), así como las actividades auxiliares o preparatorias.

Las prácticas empresariales han intentado eludir la tributación en los territorios en que se obtienen las rentas mediante fórmulas organizativas que escapan a este concepto de EP. La identificación de los patrones de conducta seguidos por las empresas para eludir este punto de conexión con el territorio en el que se genera la renta ha dado lugar a que, en el marco del Plan BEPS («Acción 1», relativa a los retos de la economía digital)[86], se impulse un cambio en la redacción del concepto de EP en el MC OCDE.

Así en la versión de 2017 del MC OCDE, el art. 5 incorpora criterios para evitar la fragmentación artificiosa de actividades o el uso de comisionistas o agentes para eludir la presencia significativa de las empresas en aquellos territorios en los que despliegan sus negocios. Por ejemplo, se toma en consideración si las actividades del personal de promoción se localizan en el territorio en el que se encuentran los

---

[83] Real Decreto Legislativo 5/2004, de 5 de marzo, por el que se aprueba el Texto Refundido de la Ley del Impuesto sobre la Renta de No Residentes.

[84] El precepto citado utiliza una definición amplia de EP: «Se entenderá que una persona física o entidad opera mediante establecimiento permanente en territorio español cuando por cualquier título disponga en este, de forma continuada o habitual, de instalaciones o lugares de trabajo de cualquier índole, en los que realice toda o parte de su actividad, o actúe en él por medio de un agente autorizado para contratar, en nombre y por cuenta del contribuyente, que ejerza con habitualidad dichos poderes».

[85] https://www.hacienda.gob.es/es-ES/Normativa%20y%20doctrina/Normativa/CDI/Paginas/CDI_Alfa.aspx

[86] El «Informe de 2015 sobre la acción 1 de BEPS» tiene por objeto el análisis de los modelos económicos y de generación de beneficios de la economía digital, entre ellos, las plataformas participativas en red (https://www.oecd.org/ctp/beps-resumenes-informes-finales-2015.pdf).

destinatarios de los bienes y son esenciales para la realización de las ventas; o si las labores de almacenaje o logística son parte fundamental para atender a la demanda.

La implementación de estas medidas se ha visto acelerada por la elaboración de un acuerdo multilateral impulsado también dentro del citado Plan de Acción («Acción 15»), que ha propiciado un Convenio Multilateral para aplicar las medidas relacionadas con los CDI para prevenir la erosión de bases imponibles y el traslado de beneficios[87]. El objetivo de este instrumento multilateral es que, tras su publicación oficial, a partir del 1 de enero de 2022, sus postulados sustituyan o se añadan a lo dispuesto en los CDI preexistentes suscritos por los Estados signatarios (cual es el caso del Reino de España[88]).

A pesar de estos avances en la fiscalidad internacional, sigue quedando pendiente el tratamiento del comercio electrónico, sin que las recomendaciones del Plan BEPS («Acción 1»)[89] referidas a esta cuestión hayan tenido reflejo en la reformulación del art. 5 MC OCDE. En este sentido, como sostiene PEDROSA LÓPEZ[90], lo que se plantea es, por un lado, si se puede considerar que los negocios digitales pueden dar lugar a un EP subsumible en la tipología establecida en el art. 5 del MC OCDE, o bien si es necesario introducir una cláusula específica para el denominado «establecimiento permanente digital».

En todo negocio digital se pueden identificar tres elementos esenciales: la *web site*, el servidor y los usuarios. Pues bien, según los Comentarios del MC OCDE 2017, la *web site* no puede ser considerada como un EP porque carece de presencia física (no constituye un activo tangible como una maquinaria o un equipo informático). Tratándose del servidor, en el que la *web site* se encuentra almacenada, podría ser considerada como el lugar fijo a través del cual opera la empresa, siempre que cumpla con los requisitos que se establecen para la cláusula de agencia. Ello significa, siguiendo al autor citado, que para que un servidor constituya un EP se han de dar las siguientes condiciones: i) la presencia física; ii) la conexión entre dicho

---

[87]   BOE n. 305, de 22 de diciembre de 2021.

[88]   En la Parte IV del Acuerdo Multilateral se recogen las medidas adoptadas para evitar la elusión del punto de conexión con la jurisdicción en la que debiera tributar el EP: art. 12, acuerdos de comisión o estrategias similares; art. 13, actividades preparatorias y auxiliares; art. 14, fraccionamiento de contratos de obra, construcción, instalación o montaje; y art. 15, entidades relacionadas. Dicho esto, tal y como advierten los expertos en el *Libro blanco para la reforma tributaria* de 2022 (pp. 506 y ss.), la eficacia de tales modificaciones del concepto de EP en los CDI a través del Acuerdo Multilateral es relativa, pues no impide que se puedan desarrollar estrategias de reestructuración de negocios encaminadas a evitar su aplicación. Se ha de tener en cuenta, por otra parte, que no todos los CDI españoles son objeto de modificación, y respecto de los que sí lo son, es preciso que el Estado firmante mantenga una posición análoga sobre tales preceptos.

[89]   https://www.oecd.org/ctp/Action-1-Digital-Economy-ESP-Preliminary-version.pdf

[90]   PEDROSA LÓPEZ, José Carlos, «Análisis histórico…», *op. cit.*, p. 75.

lugar de negocios y la actividad empresarial de la empresa; y iii) que la actividad no sea calificada como auxiliar o preparatoria.

Dado que la desmaterialización de las estructuras empresariales y la interacción en el entorno digital son rasgos distintivos del comercio electrónico será difícil identificar la existencia de EP con arreglo a los criterios expuestos. En este punto, sigue abierto el debate sobre la oportunidad de incluir en el concepto contenido en el MC OCDE una cláusula específica para identificar un «establecimiento permanente digital».

La UE intentó acometer una solución con una propuesta de directiva[91], de 21 de marzo de 2018, encaminada a la ampliación de la definición de EP con la incorporación del concepto de «presencia digital significativa» (PDS) como nexo o criterio de sujeción a una jurisdicción fiscal, integrado por tres componentes:

— La «presencia» en un Estado durante un determinado período impositivo se produce cuando se ejerce una actividad cuyo destinatario es un usuario (particular o empresa) situado en dicho Estado.

— El componente «digital», que viene dado porque la actividad consiste, total o parcialmente, en la prestación de servicios a través de una interfaz digital (servicio digital).

— La calificación de una presencia «significativa» se pone en relación con la «huella digital» del negocio en una jurisdicción, lo que viene determinado por la concurrencia de uno o varios de los umbrales que reflejan los ingresos de las empresas digitales (más de 7 millones), el número de usuarios de servicios digitales (más de 100.000) y el número de contratos (más de 3.000).

La fijación de estos umbrales implica la exclusión de determinados modelos de negocios de escasa relevancia, aunque ello significa que los operadores económicos tendrán que proporcionar a las autoridades fiscales competentes los datos que permitan controlar la superación o no de los umbrales

Ni la propuesta indicada, planteada como solución global para los regímenes actuales del impuesto sobre sociedades, ni otras relacionadas con la fiscalidad del mercado único digital (impuesto sobre los servicios digitales y el impuesto sobre la publicidad digital)[92], han contado con el apoyo suficiente para prosperar, entre

---

[91] Propuesta de directiva de Consejo por la que se establecen normas relativas a la fiscalidad de las empresas con una presencia digital significativa, COM (2018) 147 final (https://eur-lex.europa.eu/legal-content/ES/ALL/?uri=CELEX%3A52018PC0147).

[92] La propuesta forma parte de un paquete que comprende: una Recomendación dirigida a los Estados miembros para que incluyan las normas correspondientes sobre presencia digital significativa y la asignación de los beneficios en sus convenios sobre doble imposición con terceros países; una propuesta de directiva con una solución provisional (Impuesto sobre Servicios Digitales, con un gravamen del 3%

otras razones, porque se está a la espera de los avances en el marco de la OCDE
y del G20, descartando la posibilidad de una solución limitada o temporal en el
ámbito europeo[93].

A falta de una solución que garantice la tributación de las empresas digitales
en igualdad de condiciones, la situación actual para las plataformas de cuidados es
que, a medida que crecen estas estructuras y se amplían las áreas geográficas en las
que prestan servicios de intermediación conectando la oferta y demanda de cuidados, se incrementa el riesgo de pérdida recaudatoria para el territorio en el que se
genera el beneficio empresarial. Este factor, a su vez, puede provocar distorsiones
en el mercado en detrimento de las iniciativas emprendedoras locales.

3. Servicios digitales: las reglas de reparto de la potestad tributaria

Además del riesgo que representa la residencia de los operadores digitales en
jurisdicciones con baja o nula tributación, la pérdida recaudatoria puede producirse
por la deslocalización de determinadas fuentes de renta (p.ej., uso de los datos)
generadas por tales actores del mercado digital. Estos comportamientos pueden
dar lugar a una erosión de las bases imponibles que han de ser gravadas por el
impuesto societario, favoreciendo el traslado, total o parcial, de los beneficios hacia
jurisdicciones más favorables.

Cuando el negocio tiene un componente transfronterizo pueden plantearse
dudas interpretativas a la hora de calificar un ingreso; y dependiendo de cuál sea la
consideración dada al componente de renta, actuarán unas u otras reglas de reparto
de la potestad tributaria fijadas en el convenio para evitar la doble imposición que,
en su caso, resulte de aplicación.

La incertidumbre sobre cuál ha de ser el tratamiento tributario de un concreto
componente de renta se agrava cuando se trata de ingresos percibidos por los servicios digitales prestados por empresas no residentes en nuestro territorio, pues el
país en el que deben tributar estos ingresos puede variar según sean calificados como
cánones (*royalties*), beneficios empresariales o ganancias patrimoniales.

---

sobre los ingresos brutos de los servicios digitales a nivel de la UE); y una Comunicación en la que se
explica el contexto de la articulación entre las citadas propuestas.

[93]   Cabe recordar que, con arreglo al art. 115 del Tratado de Funcionamiento de la Unión Europea
(TFUE), la propuesta de la Comisión requiere ser formulada como directiva y adoptada por el Consejo
por unanimidad. En este caso, la propuesta de directiva ha sido vetada por cuatro países: Dinamarca,
Finlandia, Suecia e Irlanda. Estos países cuentan con una fiscalidad ventajosa para las empresas digitales
que se establecen en ellos. Ante estas dificultades para conseguir una posición común, la Comisión Europea ha elaborado la Comunicación titulada «Hacia una toma de decisiones más eficiente y democrática
en materia de política fiscal de la UE», COM (2019) 8 final.

El problema tiene difícil solución, porque no existe un concepto uniforme sobre lo que ha de entenderse por cánones, sino que coexisten los conceptos de la legislación nacional, internacional y europea.

El tratamiento de los cánones alcanza, por ejemplo, a las rentas obtenidas por los operadores de plataformas como consecuencia de la explotación o cesión del uso de sus componentes tecnológicos (activos intangibles), lo que no tiene que ser necesariamente el objeto de su actividad principal, basada en la intermediación en línea. La economía digital proporciona nuevas líneas de negocio, y no es extraño que algoritmos o bases de datos propias posibiliten la generación de nuevos recursos a partir de la elaboración de listados de clientes, patrones de consumo, etc.

Por otra parte, también es frecuente que el proceso de expansión del negocio de plataformas se articule bajo fórmulas de franquicia en las que se cede tecnología, *know-how* y asistencia técnica.

La complejidad del tratamiento fiscal de las rentas generadas por estos negocios digitales es mayor cuando las transacciones se producen a nivel transfronterizo.

Si se atiende a la regulación proporcionada por la norma tributaria nacional, el punto de partida se ha de localizar en el Texto Refundido de la Ley que regula el Impuesto sobre la Renta de No Residentes (IRNR) [94], cuyo hecho imponible es la obtención de rentas, dinerarias y en especie, en territorio español por las personas o entidades no residentes en España.

Con arreglo a este marco normativo, quedan sometidos a gravamen los cánones o regalías satisfechos por personas o entidades residentes en territorio español o por establecimientos permanentes situados en este, o que se utilicen en territorio español, los cuales son calificados como rendimientos del capital mobiliario (art. 13.1.f) 3.º TRLIRNR).

A estos efectos, se consideran cánones las cantidades pagadas por *el uso, o la concesión de uso* de derechos sobre las obras literarias, artísticas o científicas, incluidas películas cinematográficas; patentes, marcas de fábrica o de comercio, dibujos, modelos, planos, fórmulas o procedimientos secretos; derechos de programas informáticos; informaciones relativas a experiencias industriales, comerciales o científicas; derechos personales susceptibles de cesión, tales como los derechos de imagen; equipos industriales, comerciales o científicos; y cualquier derecho similar a los anteriores. En particular, tienen tal consideración las cantidades pagadas por el uso o la concesión de uso de los derechos regulados en el Texto Refundido de la Ley de Propiedad Intelectual, aprobado por el Real Decreto Legislativo 1/1996, de 12 de abril, la Ley 11/1986, de 20 de marzo, de Patentes, y la Ley 17/2001, de 7 de diciembre, de Marcas.

---

[94]   Real Decreto Legislativo 5/2004, de 5 de marzo, por el que se aprueba el texto refundido de la Ley del Impuesto sobre la Renta de no Residentes,

No obstante, quedan exentos los cánones entre empresas asociadas dentro de la UE de conformidad con la Directiva de intereses y cánones (Directiva 2003/49/CE del Consejo, de 3 de julio de 2003).

La exención intraeuropea se refiere a los cánones o regalías satisfechos por una sociedad residente en territorio español o por un EP situado en dicho territorio de una sociedad residente en otro Estado miembro a una sociedad residente en otro Estado miembro o a un EP situado en otro Estado miembro de una sociedad residente en otro Estado miembro, siempre que se cumplan determinados requisitos de acuerdo con lo previsto en el art. 14.1.m) del Texto Refundido de la Ley IRNR.

La exención en el Estado de origen evita algunas de las situaciones de doble imposición que puedan dificultar el funcionamiento del mercado interior[95], asegurando un tratamiento uniforme para aquellos pagos que sean considerados cánones con arreglo al concepto autónomo de canon de la Directiva, cuyo art. 2.b) recoge una definición en términos similares a la utilizada por el legislador nacional, donde quedan comprendidos, por ejemplo, los programas informáticos[96].

La norma interna y la exención señalada quedarán sin efecto si, en el caso concreto, resulta de aplicación un convenio para evitar la doble imposición.

En este contexto, las rentas deberán ser consideradas cánones con arreglo al CDI, lo que significa que hay que tener en cuenta la definición dada para dicho concepto y las reglas de reparto de la potestad tributaria.

El art. 12 del Modelo de Convenio de la OCDE establece las reglas de reparto de la potestad tributaria en materia de cánones. A tal efecto, incorpora una *definición propia* sobre este componente de renta, que comprende las cantidades de cualquier clase pagadas por el uso, o la concesión de uso, de derechos de autor sobre

---

[95]   Con el objeto de remover los problemas de doble imposición en la UE, la Directiva sobre intereses y cánones (Directiva 2003/49/CE), bajo determinados requisitos, impide al Estado de residencia de la sociedad pagadora el gravamen sobre los intereses y cánones. El efecto útil de esta exención queda limitado por los requerimientos exigidos; en síntesis, se exige que la entidad pagadora sea una sociedad «asociada» de la sociedad que tenga la consideración de beneficiaria efectiva de estos pagos, incluyendo los pagos realizados entre establecimientos permanentes de las sociedades asociadas. En todo caso, cabe apuntar que el tratamiento expuesto deviene inútil cuando se pueda invocar un CDI en el que no se establezca la tributación en el país de la entidad pagadora (PISTONE, Pascuale, *Diritto tributario europeo*, Giappichelli, 2022, p. 254). Como consecuencia de la transposición de la norma europea a nuestro ordenamiento interno, tras una etapa en la que, transitoriamente, se fijó una retención del 10%, la exención es el régimen general con arreglo a lo previsto en el art. 14.1.m) del TRLIRNR.

[96]   El art. 2.b) de la Directiva define los cánones como las remuneraciones de cualquier clase percibidas por el uso o la cesión del derecho de uso de cualquier derecho de autor sobre obras literarias, artísticas o científicas, incluidas las películas cinematográficas y los programas y sistemas informáticos, cualquier patente, marca registrada, diseño o modelo, plano, fórmula o procedimientos secretos, o por informaciones relativas a experiencias industriales, comerciales o científicas. También se considerarán cánones las remuneraciones percibidas por el uso o la cesión del derecho de uso de equipos industriales, comerciales o científicos.

obras literarias, artísticas o científicas, incluidas las películas cinematográficas, de patentes, marcas de fábrica o de comercio, dibujos o modelos, planos, fórmulas o procedimientos secretos, o por informaciones relativas a experiencias industriales, comerciales o científicas.

Este concepto resulta *más restringido* en cuanto al catálogo de instrumentos que pueden generar cánones, puesto que, por ejemplo, no contempla la asistencia técnica ni los programas informáticos[97].

Por otra parte, el mencionado artículo sienta como pauta general la atribución de la potestad tributaria para gravar estas rentas al país de residencia de su perceptor.

Dicho esto, la mayoría de los tratados existentes, incluidos los celebrados por España, permiten que el Estado de la fuente (donde se ha generado la renta) pueda gravar los cánones, aunque de forma limitada. Esta solución intermedia, una suerte de tributación compartida, permite establecer una retención en la fuente (un porcentaje comprendido entre el 5 y 10%).

La práctica ha puesto de manifiesto que no siempre queda claro el criterio interpretativo que se ha de seguir a la hora de calificar la renta derivada del uso o cesión de uso de los programas informáticos, algoritmos, contenidos digitales o bases de datos propias.

Puede ocurrir que la operación contractual pueda ser considerada como una venta y, desde ese punto de vista, la contraprestación por la transmisión de alguno de los elementos incluidos en la definición de canon se califique como rentas empresariales (art. 7 MC OCDE), o bien como ganancias del capital (art. 13 MC OCDE). Es decir, «no» como un canon[98].

En tal caso, los criterios de reparto de la potestad tributaria cambian, siendo lo habitual que prevalezca el gravamen en el Estado en que tiene su residencia el perceptor de la renta.

Todas estas cuestiones problemáticas pueden darse en el seno de las plataformas de cuidados que operan en diferentes países, constituyendo un foco de inseguridad jurídica y de controversias. Piénsese en la hipótesis de que una sociedad (la matriz), residente fuera de España, ceda datos personales de clientes (un listado de clientes potenciales) a una entidad localizada en territorio español a cambio de una contraprestación, incluso que se le pague una contraprestación para que no ceda los datos

---

[97]   El concepto de cánones del MC OCDE no incluye los rendimientos derivados del uso, o la concesión del uso, de equipos industriales, comerciales o científicos, ni tampoco los rendimientos derivados de derechos sobre programas informáticos. Sin embargo, algunos de los convenios suscritos por el Estado español incorporan tales elementos, así lo hacen el IRNR y la Directiva sobre intereses y cánones (Directiva 2003/49/CE).

[98]   Sobre estos aspectos controvertidos, véase GIL GARCÍA, E., «Cuestiones conflictivas en la calificación de los cánones en los convenios españoles», en *Cuestiones actuales y conflictivas de la fiscalidad internacional*, CISS, 2023, pp. 518 y ss.

a otras empresas; ¿las cantidades satisfechas por la empresa extranjera podrían ser consideradas como un canon sujeto a gravamen por el IRNR español?

La sentencia del Tribunal Supremo de 24 de junio de 2022, rec. 5441/2020, se pronuncia sobre las cantidades abonadas por la mercantil NINTENDO IBÉRICA, S.A. a su matriz (NINTENDO OF EUROPE GMBH), residente en Alemania, por la cesión de datos de clientes, existiendo un convenio hispano-alemán de 1966 en el momento en el que se formalizó el contrato. La controversia se suscita porque, si las cantidades satisfechas por la empresa española se considerasen cánones, tributarían por IRNR, pero tratándose de una ganancia patrimonial derivada de la compraventa o transmisión de datos, la renta obtenida debería quedar sometida únicamente en el Estado de residencia de la empresa extranjera con arreglo al CDI.

El TS analiza la controversia a la vista del convenio hispano-alemán para evitar la doble imposición de 1966. Y así, en atención a la naturaleza de los datos y a la jurisprudencia sobre supuestos similares (*know-how*), entiende que los datos de clientes (facturación o historial de crédito), y los datos operativos (información financiera confidencial que no puede encontrarse en un listado público) son información restringida, confidencial y no divulgada, cuyo alto valor deriva de su carácter cualificado surgido de experiencias comerciales previas. Por consiguiente, se trata de cánones, sujetos al IRNR.

En definitiva, habrá que estar al caso concreto.

En términos generales, la referencia a las informaciones relativas a experiencias industriales, comerciales o científicas (*know*-how) que incorpora la definición de cánones constituye un concepto muy elástico. La realidad de los negocios digitales es más compleja, puede que en una misma operación se prevea la prestación de asistencia de carácter auxiliar en relación con ese elemento de *know-how*. La pauta en estos casos, como apunta GIL GARCÍA[99], será que, salvo que el CDI diga lo contrario, habrá que distinguir entre el pago recibido por la concesión del *know-how* y el pago que corresponda por la prestación del servicio. El primero se calificará como canon, en la medida en que el cesionario adquiere conocimientos técnicos cualificados, sin que el cedente tenga que intervenir en la aplicación de la información cedida. Si el contrato incorpora un servicio auxiliar de asistencia (servicios post venta), la contraprestación satisfecha por la prestación del servicio tendrá la consideración de renta empresarial.

Un último ejemplo que puede tener interés guarda relación con los derechos sobre programas informáticos. La DGT, en la consulta vinculante V1219-14, de 7 de mayo, en analiza los pagos satisfechos por una entidad española a una mercantil irlandesa respecto de la adquisición de unos cajeros informáticos que incorporan

---

[99]   *Vid.* «Cuestiones…», *op. cit.*, p. 540.

un *software*. El órgano consultivo, a la vista de los Comentarios al MC OCDE, concluye que, en atención a la práctica de los CDI suscritos por el Estado español, la renta obtenida por un no residente como contraprestación por la distribución de programas informáticos será calificada como canon cuando permita su adaptación a las necesidades del cliente. Esto es, cuando permita modificar el código fuente[100].

Los supuestos descritos permiten ilustrar la complejidad de los problemas que se pueden suscitar cuando el negocio digital incorpora el elemento transfronterizo y que, como se ha dicho, no encuentran una solución clara en la regulación supra-nacional[101].

Además de estas cuestiones, preocupan las pérdidas recaudatorias que determinadas prácticas transfronterizas pueden acarrear para las jurisdicciones fiscales. Téngase en cuenta que la ausencia o la aplicación limitada de retenciones en el país donde se localizan los pagos salientes puede alimentar prácticas de planificación fiscal agresiva que conduzcan a escenarios de baja o nula imposición. Desde la Unión Europea se aboga por una respuesta legislativa común que atenúe la erosión de las bases imponibles y el traslado de beneficios, mediante el establecimiento de una retención en origen a escala de la UE que garantice que los pagos (dividendos, cánones e intereses) realizados en la Unión se graven al menos una vez antes de salir de este ámbito territorial.

La Resolución del Parlamento Europeo, de 10 de marzo de 2022, sobre marco europeo para la retención fiscal en origen[102], pide a la Comisión y a los Estados miembros que establezcan un marco común y normalizado para la retención fiscal en origen, insistiendo en que esta medida ha de constituir una de las principales tareas de la Unión para los próximos años incluso abre la posibilidad de que se aborde una aplicación armonizada que sustituya a los CDI entre Estados miembros[103]. En este sentido, se plantea una armonización de los porcentajes de retención y, asimis-

---

[100] GIL GARCÍA, E., «Cuestiones…», *op. cit.*, p. 532.

[101] Los expertos del *Libro Blanco para la Reforma Fiscal* en su propuesta 49 señalan que las autoridades españolas deben trabajar a nivel internacional (OCDE) a favor de una mayor clarificación en los comentarios al art. 12 del MC OCDE sobre en qué casos las rentas derivadas de los nuevos modelos de negocios digitales constituyen cánones o beneficios empresariales, así como impulsar una evolución del concepto de canon que permita abarcar algunos de los servicios digitales más comunes (uso de equipos, uso de *software*).

[102] https://www.europarl.europa.eu/doceo/document/TA-9-2022-0075_ES.html

[103] Para entender el problema, conviene recordar que la Directiva sobre sociedades matrices y filiales y la Directiva sobre intereses y cánones han eliminado progresivamente las retenciones en origen sobre los pagos de dividendos, intereses y cánones entre empresas asociadas en la Unión que alcancen determinados umbrales, con el objetivo de reducir el riesgo de doble imposición. Ahora bien, se ha observado que las retenciones en origen siguen en aumento para los inversores que se encuentran debajo de estos umbrales, y que los procedimientos de exención o desgravación fiscal se rigen en tal caso por convenios en materia de doble imposición. Esta situación ha dado lugar a abusos y situaciones de desimposición.

mo, que se adopten medidas para simplificar y agilizar los procedimientos para la devolución de retenciones a cuenta en origen cuando se acredite que el Estado de destino cumple la legislación de la Unión adoptada para hacer efectivo el Marco inclusivo de la OCDE y el G-20.

En concreto, con base en el principio de gravamen de la actividad económica en el lugar en el que se produzca, dicho documento insta a la Comisión y a los Estados miembros para que estudien otras alternativas a la devolución de las retenciones en el Estado de origen, con el objeto ambivalente de garantizar que no se produce una doble imposición y, asimismo, de limitar las posibilidades de abuso por parte de los operadores económicos con situaciones de desimposición. Se aboga así por un sistema alternativo de «desgravación en la residencia», con el cual se posibilitaría que todas las retenciones abonadas al Estado miembro de origen fueran compensadas mediante un crédito fiscal reconocido en el Estado miembro de residencia donde se declarasen los ingresos.

IV. MEDIDAS FISCALES PARA EL EMPRENDIMIENTO DIGITAL

Una fiscalidad justa es un presupuesto necesario para garantizar la igualdad de condiciones de competencia a todas las empresas.

La Comisión Europea, en una comunicación de 2017 sobre el «Modelo de fiscalidad para el Mercado Único Digital»[104], llama la atención sobre las diferencias existentes entre los modelos nacionales de negocios digitales y tradicionales, dado que la tributación efectiva de los primeros representa menos de la mitad de la soportada por los modelos empresariales tradicionales[105].

Entre otras variables, el estudio pone el acento en el elemento innovador que aporta la tecnología y el factor emprendedor, pues estos dos factores, presentes ya en las fases tempranas del ciclo vital de las empresas (*scale-up*), aumentan las posibilidades de disfrutar de incentivos fiscales (I+D+i, etc.).

Las oportunidades de estos negocios expresadas en términos de ahorro fiscal crecen exponencialmente en el caso de las empresas digitales transfronterizas debido, en este caso, a la dificultad para localizar las empresas y las fuentes de renta derivadas de sus actividades económicas.

La solución esbozada por el Parlamento Europeo pretende establecer un sistema común completo de la retención a cuenta.

[104] COMISIÓN EUROPEA, «Un sistema impositivo…», COM (2017) 547 final.

[105] Según el «índice fiscal digital» elaborado por PWC y ZEW, el tipo medio efectivo en la UE se sitúa en el 20,9% para el modelo de negocio nacional tradicional, y el 8,5% para el modelo de negocio nacional digital.

Esta realidad asociada a la economía digital, dominada por empresas multinacionales[106], no se corresponde con la situación de las empresas emergentes, y en concreto de aquellas que se desenvuelven en la economía social y, en lo que aquí interesa, de las plataformas de cuidados a mayores. En estos formatos empresariales, la fiscalidad se presenta como una de las barreras que dificultan su supervivencia y crecimiento, sobre todo cuando se trata de escalar hacia otros mercados.

Ante estas diferencias en los modelos de negocios digitales, la Unión Europea hace una llamada a los Estados miembros para que adopten medidas coordinadas, con un enfoque «de abajo arriba», que posibiliten la creación de un entorno propicio para la innovación y el espíritu emprendedor, eliminando los desequilibrios que se evidencian en los distintos niveles de imposición a que se ven sometidas las empresas.

Si se dirige la mirada a nuestro Estado, los negocios que han despuntado en el mercado nacional como proyectos innovadores, subsumibles en la categoría de empresas emergentes o *startups*, han venido aprovechando las ventajas fiscales introducidas en respuesta a la crisis económica y financiera iniciada en 2008 con la Ley 14/2013 para el fomento del emprendimiento, orientadas a aliviar la carga fiscal en el IS de las empresas de nueva creación (también para los emprendedores contribuyentes del IRPF), así como a favorecer la inversión privada a través de la figura de los *business angels*.

La trayectoria iniciada por esta norma resulta actualizada y reconducida hacia el «emprendimiento innovador», esto es, teniendo en cuenta las singularidades que este tipo de realidades empresariales presenta frente a los negocios tradicionales. El propósito del legislador español es que nuestro modelo empresarial pueda alinearse con los países más avanzados y con los estándares europeos en la materia (*EU startup nation standard*). A tal efecto, la denominada «Ley de *Startups*» (la Ley 28/2022, de 21 de diciembre, de fomento del ecosistema de las empresas emergentes) se presenta como una norma pionera en el panorama europeo en cuanto viene a construir un marco jurídico adecuado para la creación y crecimiento de negocios de base tecnológica e innovadores. Se concibe, por tanto, como una ley especial que desplaza a las disposiciones del ordenamiento jurídico que regulen de manera distinta las mismas materias (disp. final novena).

Dicho esto, las medidas tributarias introducidas por esta Ley se reducen a simples retoques y mejoras sobre algunos de los incentivos ya existentes en los im-

---

[106] La tributación efectiva de los beneficios de las empresas multinacionales ocupa un lugar significativo en el debate sobre las reformas que han de abordarse para adaptar los instrumentos fiscales a la realidad socioeconómica. *Vid.* HUGGER, Felix, GONZALEZ CABRAL, Ana y O'REILLY, Pierce, «Tasas impositivas efectivas de las empresas multinacionales: Nueva evidencia sobre ganancias globales con bajos impuestos», Documentos de trabajo sobre fiscalidad de la OCDE, n. 67, Publicaciones OCDE, 2023.

puestos sobre la renta para las empresas de nueva creación —las introducidas en la Ley 14/2013—. Tal y como se verá en los apartados siguientes, la norma proyecta el ahorro fiscal sobre tres actores esenciales: las empresas, los inversores privados y los trabajadores cualificados.

El tratamiento fiscal —aparentemente «mejorado»— queda supeditado a que se acredite la condición de empresa emergente y, asimismo, el carácter innovador del negocio o proyecto. Ello supone que estos operadores económicos deben dar cumplimiento a un farragoso listado de requisitos para alcanzar tal calificación y, posteriormente, tendrán que mantener dicha condición. La simple calificación del negocio como *startup* o empresa emergente, como también se verá a continuación, conduce a un incremento de los costes de cumplimiento que contrasta con la intención, explicitada en la Ley de *Startups* de simplificar las cargas fiscales y administrativas a estas entidades.

1.   Ámbito de aplicación: empresas emergentes o *startups*

Una de las aportaciones más significativas de la Ley de *Startups*, aunque no se trata de una cuestión pacífica, es la delimitación del ámbito de aplicación de las empresas a las que van dirigidos los beneficios y especialidades en ella establecidos, pues no existe un concepto unívoco sobre lo que se ha de entender por «empresa emergente».

Si en un primer momento las medidas de fomento del emprendimiento se decantaron por acuñar el concepto de *empresas de nueva creación* (Ley 14/2013 de apoyo a los emprendedores y su internacionalización), dispensando un tratamiento fiscal favorable para estas iniciativas empresariales en los impuestos sobre la renta, la Ley de *Startups* (Ley 28/2022) añade ahora un régimen especial para una categoría de empresas que, siendo empresas de nueva creación, presentan como características diferenciadoras el alto contenido innovador, el elevado riesgo de fracaso en fase temprana, el potencial de crecimiento exponencial, la dificultad para conseguir financiación y su dependencia de trabajadores altamente cualificados[107].

Sin entrar en detalle en el proceso de gestación de esta ley especial[108], el art. 3 viene a dar una definición de lo que se ha de entender por *empresas emergentes*, que proporciona una mínima seguridad jurídica para un sector de la economía que se perfila como estratégico de la economía española.

---

[107]   Sobre los problemas que presenta la delimitación de las «empresas emergentes» que pueden beneficiarse del régimen privilegiado, *vid.* Ruano Marrón, Luis Alberto; Ruiz Navarro, José; y Medina Tamayo, Raúl, «Evaluación del proyecto de ley de fomento del ecosistema de las empresas emergentes», *Rev. Española de Capital Riesgo*, n. 2-3/2022, p. 31.

[108]   *Vid.* Al respecto, Mateo, Carlos; Baeza, Agustín; Del Moral, Marta, «Por qué es necesaria una ley de startups en España», *Rev. Española de Capital Riesgo*, n. 2-3-2002, pp. 5 y ss.

Bajo esta denominación, o su equivalente «empresas emergentes de base tecnológica», pueden encontrar cabida las personas jurídicas[109] que, acreditadas por ENISA (Empresa Nacional de Innovación, S.A.)[110], reúnan simultáneamente las siguientes condiciones:

1) Que sean de nueva creación o, no dándose esta circunstancia, cuando no hayan transcurrido más de 5 años desde la fecha de inscripción en el Registro Mercantil, o Registro de Cooperativas competente, de la escritura de constitución (o bien 7 años para el caso de empresas de biotecnología, energía, industriales y otros sectores estratégicos o que hayan desarrollado tecnología propia, diseñada íntegramente en España, y que se determinarán mediante la correspondiente orden ministerial).

2) No haber surgido de una operación de fusión, escisión o transformación de empresas que no tengan consideración de empresas emergentes. Los términos «concentración» o «segregación» se consideran incluidos en las anteriores operaciones.

3) Tener su sede social, domicilio social o establecimiento permanente en España[111].

4) Que el 60 % de la plantilla tenga un contrato laboral en España. Y, a estos efectos, en las cooperativas se computarán dentro de la plantilla los socios trabajadores y los socios de trabajo, cuya relación sea de naturaleza societaria.

---

[109] El precepto incluye en este concepto a las empresas de base tecnológica creadas al amparo de la Ley 14/2011, de 1 de junio, de la Ciencia, la Tecnología y la Innovación. En este sentido, se entiende por empresa de base tecnológica aquella cuya actividad requiere la generación o uso intensivo de conocimiento científico-técnico y tecnologías para la generación de nuevos productos, procesos o servicios y para la canalización de las iniciativas I+D+i y la transferencia de sus resultados (art. 3.2 Ley *Startups*). Nótese que desaparece la posibilidad de que el proyecto empresarial pueda desarrollarse como una persona física. Esta omisión encuentra su explicación en el claro objetivo de la Ley por mejorar la productividad y el tejido productivo, complementando el régimen privilegiado de esta Ley con la denominada «Ley Crea y Crece» (Ley 18/2022, de 29 de septiembre, de creación y crecimiento de empresas), en la que se establece la posibilidad de que se puedan constituir sociedades a partir de un capital mínimo de un euro.

[110] La experiencia adquirida por ENISA, S.A. en la concesión de préstamos participativos en este campo del emprendimiento ha sido determinante a la hora de organizar el sistema de acreditación de la condición de «empresa emergente»; una solución que, no obstante, ha suscitado debate y plantea problemas organizativos para atender a la acumulación de solicitudes en los primeros momentos de la entrada en vigor de la Ley de *Startups* (GARCÍA BRUSTENGA, Jordi, «El papel de ENISA en el marco de la nueva Ley de Startups», *Rev. Española de Capital Riesgo*, n. 2-3/2022, pp. 53 y ss.).

[111] En Italia, el *decreto legge n. 179* del 2012, atribuye la condición de «start-up innovativa» a las sociedades que cumplan determinados requisitos, entre ellos, que tengan su sede principal en su territorio. También lo son las no residentes, a condición de que sean residentes en Estados miembros de la Unión Europea o en Estados adheridos al Acuerdo sobre el Espacio Económico Europeo y desarrollen su actividad en su territorio mediante establecimiento permanente (*circolare 16/E del 2014*, agenziaentrate.gov.it).

5) Desarrollar un proyecto de emprendimiento innovador que cuente con un modelo de negocio escalable, según lo previsto en el artículo 4 relativo a la «certificación del emprendimiento innovador y escalable del modelo de negocio». En concreto, se considerará que una empresa es innovadora («empresa emergente innovadora») cuando su finalidad sea resolver un problema o mejorar una situación existente mediante el desarrollo de productos o servicios o procesos nuevos o mejorados sustancialmente en comparación con el estado de la técnica y que lleve implícito un riesgo de fracaso tecnológico, industrial o en el propio modelo de negocio.

6) No distribuir ni haber distribuido dividendos, o retornos en el caso de cooperativas.

7) No cotizar en un mercado regulado.

A su vez, ante la posibilidad de que el proyecto empresarial se desarrolle dentro de una estructura de grupo de empresas con arreglo al art. 42 del Código de Comercio, se establece que el cumplimiento de los requisitos enunciados habrá de concurrir en el grupo o en cada una de las empresas que lo componen.

El concepto legal así delimitado opta por una categoría jurídica empresarial amplia que, sin embargo, resulta insuficiente para abarcar la complejidad del fenómeno emprendedor.

Para empezar, cabe reparar en que, aunque no se pronuncia sobre una forma jurídica concreta, a lo largo de la Ley se evidencia la prevalencia de la sociedad de responsabilidad limitada como el arquetipo jurídico para el emprendimiento innovador; y ello a pesar de que en el curso de la tramitación parlamentaria se hayan incorporado menciones expresas a las cooperativas.

Por otra parte, resulta igualmente llamativo que, si las mayores dificultades de estas entidades se localizan en la fase inicial de su ciclo vital, la Ley circunscriba la condición de *startup* a los primeros 5 años de vida; y que a dicho marco temporal vayan referidos los beneficios fiscales. Según se dice en la Exposición de Motivos, los alicientes fiscales deben acabar cuando la empresa haya conseguido estabilizarse o haya pasado el tiempo que se estima razonable para encontrar un modelo de negocio sostenible. El razonamiento es impecable, pero la cuestión es si se puede considerar «razonable» el marco temporal de 5 años, o 7 años para los sectores estratégicos señalados por la norma. La definición dada por la norma española contrasta en este punto con la tendencia europea, que vincula la condición de *startup* a los primeros 10 años de vida de la empresa[112].

---

[112] European Startups Monitor 2020/2021, p. 5: https://www.europeanstartupmonitor2021. eu/_files/ugd/58f704_e4b5004e9ba44b4dbd0b75a893da0e36.pdf

Hechas estas consideraciones, y como así han subrayado algunos autores[113], se ha de reparar en que las realidades empresariales a las que se refiere el legislador comparten como nota singular que en el momento de su nacimiento tienen poco que ver con un proyecto empresarial, pues se encuentran a medio camino entre un proyecto innovador y una empresa. Son el embrión o prototipo de lo que, de llegar a tener éxito, puede ser una empresa o una multinacional.

Esta visión de las *startups* hace que con esta Ley se haya dejado pasar la oportunidad de integrar como un objetivo estratégico de este marco jurídico cualquier medida encaminada a favorecer la consolidación y el arraigo de estos negocios innovadores en manos de sus fundadores. El modelo de empresa que incentiva el legislador se aleja de la cultura empresarial que impera en nuestro país, en la que los proyectos empresariales presentan un marcado carácter familiar en la dirección, gestión y desarrollo de la actividad económica, lo que garantiza la trascendencia o continuidad del negocio mediante el relevo intergeneracional. Un factor nada desdeñable para conseguir un crecimiento económico sostenible y resiliente, por lo que el régimen especial de las empresas emergentes pierde la oportunidad de construir una alternativa que fomente la continuidad de las empresas emergentes más allá de los primeros años de su ciclo vital.

Desde este punto de vista, Italia, uno de los países que ha servido de inspiración al legislador español, ha complementado el régimen de las *startups* con el concepto de «pymes innovadoras» (*PMI innovative*), un estatus especial en el que tendrían cabida las *startups* una vez que pierden tal condición y que, igualmente, se considera objeto de protección fiscal prescindiendo de cuál sea la antigüedad de la empresa[114].

De acuerdo con la descripción realizada en el art. 3 de la Ley de *Startups*, el apartado 2 identifica dos modalidades o perfiles de empresas emergentes:

a) Empresas de base tecnológica: aquellas cuya actividad requiere la generación o un uso intensivo de conocimiento científico-técnico y tecnologías para la generación de nuevos productos, procesos o servicios y para la canalización de las iniciativas de investigación, desarrollo e innovación y la transferencia de sus resultados.

b) Empresas emergentes innovadoras: cuando su finalidad sea resolver un problema o mejorar una situación existente mediante el desarrollo de productos, servicios o procesos nuevos o mejorados sustancialmente en

---

[113] Sobre las limitaciones de la definición de empresa emergente, MATEO, Carlos; BAEZA, Agustín; DEL MORAL, Marta, «Por qué...», op. cit., p. 12.

[114] La figura fue introducida por el art. 4 del DL 3/2015, modificando la normativa reguladora de las *startups*. *Vid.* ACCORDINO, Patrizia, «Il caso Italia: l'età dell'impresa innovativa come condizione per l'ottenimento di benefici fiscali», *La edad como elemento determinante de la aplicación de beneficios fiscales*, CUBERO TRUYO, A. y MORIES JIMÉNEZ, M.ª T., Aranzadi, 2023., p. 187.

comparación con el estado de la técnica y que lleve implícito un riesgo de fracaso tecnológico, industrial o en el propio modelo de negocio.

Con arreglo a esta descripción, la mayoría de las *startups* de cuidados pueden ser catalogadas como iniciativas innovadoras, pues incorporan el desarrollo de tecnología que innova y mejora sustancialmente los servicios de cuidados que ofrece el mercado, compartiendo en su gestación un elevado riesgo de fracaso, así como la necesidad de inversiones para el desarrollo del proyecto, y sin que exista posibilidad de entrada de ingresos en esta fase inicial de su ciclo vital.

También estos modelos de negocio podrían quedar recogidos dentro de las denominadas «empresas emergentes sociales». Una categoría de empresas emergentes carente de reconocimiento alguno en la Ley de *Startups* y, por consiguiente, que no es objeto de un tratamiento fiscal que atienda a las especialidades de esta modalidad de empresas innovadoras[115].

Esta categoría de empresas, falta de armazón jurídico, presenta un elevado potencial de crecimiento, y sus singularidades deberían haber tenido reflejo en la norma de fomento del ecosistema del emprendimiento innovador. La conexión entre empresas de interés social y *startups* entra dentro de los objetivos de las políticas de crecimiento económico de la UE. De hecho, la Comisión Europea en algunos de sus documentos ha hecho hincapié en que este tipo de iniciativas, tratándose de empresas emergentes con potencial de crecimiento[116], presentan mayores dificultades para obtener financiación y apoyo debido a sus dos principales obstáculos: i) la falta de reconocimiento y comprensión de su potencial económico; y ii) la insuficiente explotación de las tecnologías.

El legislador español pasa de puntillas sobre esta realidad económica, con el tímido reconocimiento de las Sociedades de Beneficio o Interés Común (SBIC) en la Ley Crea y Crece[117], tramitada en paralelo a la Ley de *Startups*. Estas sociedades, cuyos aspectos quedan pendientes de desarrollo reglamentario, se definen como aquellas sociedades de capital que, voluntariamente, deciden recoger en sus estatutos su compromiso con la generación explícita de impacto positivo a nivel social y

---

[115]   De nuevo hay que dirigir la mirada a Italia, donde se da un tratamiento específico a las empresas innovadoras con vocación social, para las que se adicionan ventajas fiscales específicas. Véase CAMERE DI COMMERCIO, *La Startup Innovativa*, 2019, p. 20 (https://startup.registroimprese.it/isin/static/startup/document/Guida_Startup_Innovativa.pdf).

[116]   En este sentido, la Comisión Europea, en la Comunicación «Las líderes de la Europa del mañana: la iniciativa sobre las empresas emergentes y en expansión», Estrasburgo, 2016, COM (2016) 733 final, subraya lo siguiente: «Existen buenas perspectivas para estas empresas emergentes, debido al crecimiento de la demanda de innovación social y aumento de las nuevas tecnologías y plataformas de colaboración. Además, muchas poseen el potencial para expandir modelos de negocio probados que podrían reproducirse en otros territorios».

[117]   Ley 18/2022, de 28 de septiembre, de creación y crecimiento de empresas.

medioambiental a través de su actividad; y su sometimiento a mayores niveles de transparencia y rendición de cuentas en el desempeño de los mencionados objetivos sociales y medioambientales, así como la toma en consideración de los grupos de interés relevantes en sus decisiones (disp. adicional décima)[118].

Por el momento, el silencio de la Ley de *Startups* no puede ser considerado como un obstáculo para que estas iniciativas empresariales de interés social[119] puedan ser merecedoras del sello de empresa emergente a efectos de la aplicación de los beneficios fiscales y especialidades establecidos en esta ley de fomento del ecosistema emprendedor.

Las plataformas de cuidados que han nacido en estos últimos años en nuestro país, en las que se puede reconocer esa dimensión de compromiso con fines de alto valor social, se han venido considerando como *startups* (Cuideo[120], Qida[121], Aiudo[122], etc.)[123]. En efecto, también en estos negocios se aprecian los rasgos más destacables de las empresas emergentes: la innovación tecnológica, su carácter escalable y las dificultades para captar capital.

---

[118] Se trata de una tipología de empresas que ya existe en Italia, donde se ha regulado la *Società Benefit* en la *Legge di Stabilità* 208/2015. Esta modalidad empresarial, inspirada en las *B-Corp* (*Benefit Corporations*) de Estados Unidos, tiene un objeto social interno que comparte con objetivos que atienden al beneficio común (objetivos, medioambientales, sociales, culturales, etc.). La forma jurídica de *Società Benefit* se aplica a las principales formas societarias, también para las sociedades emergentes («Breve Guida per la costituzione di Società Benefit», https://assobenefit.org/wp-content/uploads/2021/11/2017-10-31_guida_sbtaranto_aggiornata.pdf). Entre los autores que han estudiado la gestación de este fenómeno empresarial en nuestro país, véase Montero Simo, Marta, «Las empresas sociales y su tributación en España. La propuesta de sociedad de responsabilidad limitada de interés general», en *Entidades con Valor social: nuevas perspectivas tributarias*, dir. Merino Jara, I., IEF, 2017, p. 297.

[119] En el caso de Italia, las empresas emergentes con vocación social (*startup innovative a valore sociale, art. 25, comma 4, d.l. n. 179/2012*) operan en sectores tasados por la norma, como es el caso de la asistencia social, asistencia sanitaria y asistencia sociosanitaria (art. 2, comma 1, d. lgs. n. 155/2006), y se caracterizan porque su actividad tiene un impacto social ya en la fase de constitución. La *società benefit*, sin embargo, es una forma jurídica de empresa llamada a perseguir un doble objetivo: a nivel interno, desarrolla una actividad económica, pero *ad extra* tiene efectos positivos o reduce los efectos negativos sobre una o más categorías de sujetos (Venturi, Paolo, «Società benefit e startup a vocazione sociale. 'Italia si candida a 'Social Enterprise Nation'», Startupitalia, 2019 (https://www.aiccon.it/societa-benefit-e-startup-a-vocazione-sociale/).

[120] https://blogempresas.masmovil.es/cuideo-startup-espanola-triunfa-cuidado-mayores/

[121] https://www.eldiario.es/madrid/somos/malasana/canal-empresas/qida-innovadora-startup-transforma-sector-cuidado-personas-domicilio_1_8773745.html

[122] https://alicanteplaza.es/la-startup-de-cuidados-a-domicilio-aiudo-triplica-su-negocio-tras-su-segunda-aceleracion-en-lanzadera

[123] No todas las empresas que intermedian en el trabajo doméstico y de cuidados se pueden considerar como *startups*, solo lo son las empresas digitalizadas que emplean tecnologías de plataforma web o de aplicaciones, o bien una combinación de ambas, para poner en contacto a la oferta y demanda (DIGITAL FUTURE SOCIETY, *Los cuidados a domicilio...*, cit., p. 27).

Aunque los ejemplos mencionados se centran en las plataformas que intermedian y/o prestan servicios asistenciales, el sector de la *silver economy* comprende otras muchas iniciativas de base tecnológica orientadas a mejorar la calidad de los mayores. Tal es el caso de Sensovida[124], una empresa de teleasistencia destinada a las personas dependientes que viven solas y a pacientes con demencia o alzhéimer que, mediante una pulsera inteligente, permite a los familiares monitorizar mediante una app el estado en el que se encuentran aquellos. Otro caso de éxito es Kwido[125], una plataforma que permite que el usuario se comunique mediante una videollamada con su médico, con los responsables de su centro de día o sus familiares.

También tienen cabida en esta categoría de empresas emergentes las cooperativas, aunque su mención legal, incluida ya en fase de tramitación parlamentaria, resulta insuficiente y poco meditada. Además de los servicios de cuidados a mayores bajo demanda, las aportaciones de la economía social al emprendimiento digital son mucho más ricas. Piénsese, por ejemplo, en las «cooperativas de impulso empresarial»[126], a través de las cuales se intenta proporcionar a los socios una cobertura de carácter técnico, jurídico, económico o formativo para que puedan desarrollar una actividad emprendedora. Este vehículo puede servir para impulsar la creación de empresas emergentes, pero también es útil para generar valor social, pues esta modalidad de cooperativas puede contribuir a aflorar iniciativas empresariales que se desenvuelven en el ámbito de la economía sumergida, así como proporcionar servicios de valor añadido a las actividades que realizan los trabajadores autónomos.

La aplicación del régimen especial de la Ley de *Startups* no se puede ver obstaculizada por el hecho que los socios fundadores de estas empresas se encuentren involucrados en varios proyectos emprendedores consecutivos o simultáneos. Aunque no se aclara este aspecto en el articulado, la Exposición de Motivos alude al «emprendimiento en serie»; y así, aproximándose a la realidad del fenómeno de las iniciativas emprendedoras en sus fases iniciales (*seed capital* y *startup*), hace hincapié en que los datos estadísticos confirman que «más de la mitad de los emprendedores en España han participado directamente en varios proyectos de emprendimiento». Este dato es indicativo de que los proyectos de emprendimiento innovador, normalmente con un alto componente tecnológico, tienen un alto índice de fracaso. Y, en

---

[124]   https://www.sensovida.com/

[125]   https://kwido.com/es/

[126]   Estos instrumentos adquieren carta de naturaleza en el ámbito autonómico, concretamente en Andalucía, con la Ley 14/2011, de 23 de diciembre, de sociedades cooperativas andaluzas. En su art. 93 dispone que estas cooperativas «tienen como objeto social prioritario canalizar, en el ámbito de su organización, la iniciativa emprendedora de sus socios y socias». *Vid.*, HERNÁNDEZ BEJARANO, Macarena, «Nuevos modelos de cooperativas de trabajadores autónomos: un análisis de las cooperativas de las cooperativas de impulso empresarial y las cooperativas de facturación», *Economía colaborativa y trabajo en plataforma: realidades y desafíos*, dir. Rodríguez-Piñero Royo, Bomarzo, 2017, p. 156

este contexto, a efectos de la aplicación de la Ley, señala que «si el primer intento fracasa, como es característico de este tipo de proyectos de alto riesgo, pueden volver a aplicarse los incentivos de esta ley a otras empresas constituidas por los mismos socios, pues debe darse otra oportunidad a quien, pese al fracaso, pero con la experiencia adquirida, quiera intentarlo de nuevo».

Para concluir este apartado, hay que tener en cuenta que el art. 3.3 cierra la definición de empresa emergente con una delimitación negativa, impidiendo el acceso a los beneficios fiscales y a las especialidades establecidas en la citada Ley a aquellas entidades que, reuniendo los requisitos para poder acceder a la categoría de empresa emergente, se encuentren en alguno de los siguientes supuestos:

— Que no estén al corriente de las obligaciones tributarias y con la Seguridad Social.
— Que hayan sido condenadas por sentencia firme por un delito de administración desleal, insolvencia punible, delitos societarios, delitos de blanqueo de capitales, financiación del terrorismo, por delitos contra la Hacienda pública y la Seguridad Social, por delitos de prevaricación, cohecho, tráfico de influencias, malversación de caudales públicos, fraudes y exacciones ilegales o por delitos urbanísticos
— Que hayan sido condenadas a la pena de pérdida de la posibilidad de obtener subvenciones o ayudas públicas.
— Que hayan perdido la posibilidad de contratar con la Administración.

2. Acreditación de la condición de empresa emergente

La acreditación de empresa emergente inscrita en el Registro Mercantil o en el Registro de Cooperativas será requisito necesario y suficiente para que dicha entidad pueda acogerse a los beneficios y especialidades de la Ley 28/2022 (art. 5.1).

Para llegar a tal inscripción se precisa de la certificación expedida por ENISA, acreditativa de la evaluación positiva del cumplimiento de los requisitos a los que ya se ha hecho referencia en el apartado anterior (esto es, los establecidos en el art. 3 de la Ley), entre ellos, el carácter de emprendimiento innovador y escalable del negocio.

El procedimiento de acreditación de *startups* se inicia en el momento de constitución de la empresa, lo que puede tener lugar a través del modelo simplificado PAE/CIRCE. Así pues, una vez creada la empresa, el paso siguiente será la solicitud de la acreditación de tal condición a ENISA, iniciándose el procedimiento de verificación del cumplimiento de todos los parámetros previstos en el art. 6 de la Ley 28/2022[127].

---

[127]   García Brustenga, Jordi, «El papel…», *op. cit.*, p.60.

A tal efecto, será de aplicación lo establecido en la Orden PCM/825/2023, de 20 de julio, por la que se regulan los criterios y el procedimiento de certificación de empresas emergentes que dan acceso a los beneficios y especialidades reconocidas en la Ley 28/2022, de 21 de diciembre, de fomento del ecosistema de las empresas emergentes[128].

La evaluación positiva que ha de realizar esta entidad certificadora se focaliza en el carácter innovador y escalable del proyecto emprendedor que presenta el solicitante. Por lo que para cualquier empresa que aspire a ser calificada como *startup* resulta fundamental conocer los criterios que, con arreglo a esta orden ministerial, limitan el margen de discrecionalidad de ENISA.

Respecto del primero de los requisitos, el *carácter innovador* de la empresa solicitante, se tendrá en cuenta si concurre, al menos, una de las condiciones siguientes:

a) Los gastos de I+D+i representan, al menos, un 15% respecto de los gastos totales de la empresa durante los dos ejercicios anteriores, o en el ejercicio anterior cuando se trate de empresas de menos de 2 años.

b) Ha sido beneficiaria de inversión, financiación o ayudas públicas para el desarrollo de I+D+i o de emprendimiento innovador en los últimos 3 años sin haber sufrido revocación por incorrecta o insuficiente ejecución de la actividad financiada.

c) Dispone de un informe motivado emitido por el Ministerio de Ciencia e Innovación, respecto a su alto grado de innovación,

d) Acredita el disfrute de bonificaciones en la cotización a la Seguridad Social por tener contratado personal investigador.

e) Dispone de un Sello Pyme Innovadora concedido por el Ministerio de Ciencia e Innovación.

f) Dispone de Certificación de Joven Empresa Innovadora emitida por AENOR (EA0043) o de Certificación de Pequeña o microempresa Innovadora emitida por AENOR (EA0047) o Certificación conforme a la norma UNE 1666.0002-Sistemas de gestión de la I+D+i.

De forma subsidiaria, a falta de los criterios mencionados, la entidad certificadora tendrá en cuenta la concurrencia de alguno de estos aspectos:

a) La presencia de innovación tecnológica, ya sea en desarrollo o en explotación, y que pueda estar protegida por derechos de propiedad industrial (quedan excluidos marcas y nombres comerciales) u otros derechos como

---

[128] Orden PCM/825/2023, de 20 de julio, por la que se regulan los criterios y el procedimiento de certificación de empresas emergentes que dan acceso a los beneficios y especialidades reconocidas en la Ley 28/2022, de 21 de diciembre, de fomento del ecosistema de las empresas emergentes (https://www.boe.es/eli/es/o/2023/07/20/pcm825).

software o *know-how* protegidos, todos ellos relacionados con el modelo de negocio de la empresa solicitante. Se podrá solicitar la emisión de un informe potestativo a la Oficina Española de Patentes y Marcas para la evaluación de este aspecto.

b) La presencia de innovación en productos, procesos, servicios y/o modelos de negocio.

Para la evaluación del *carácter escalable del modelo de negocio*, otro de los aspectos relevantes para ser calificada como empresa emergente, serán decisivos los criterios siguientes:

a) Grado de atractivo del mercado. Se valorará la oferta y la demanda del sector en el que opera la empresa solicitante, la generación de tracción, las estrategias de captación de usuarios o clientes, etc.

b) Fase de la vida de la empresa. A tal efecto, se tendrá en cuenta la implementación de prototipos y la obtención de un producto mínimo viable de cara a la puesta en mercado del servicio. Igualmente, será relevante la posición de la empresa solicitante en el mercado, si sus productos o servicios están o no en el mercado, desde hace cuánto tiempo se comercializa, cuánto tiempo llevan en desarrollo, o cuánto tiempo tardarán en llegar a la fase comercialización, etc.

c) Modelo de negocio. Se considerará la escalabilidad del número de sus usuarios, del número de sus operaciones o de su facturación anual. También será de interés la definición y monetización de su actividad, productos y/o servicios y los objetivos y naturaleza de su plan de inversión y su financiación.

d) Competencia. Se valorarán las empresas competidoras en su ámbito o sector de actividad y la diferenciación respecto de las mismas, incluyendo las fortalezas y debilidades que presentan las empresas competidoras respecto a la empresa solicitante.

e) Equipo. En particular, se valorará la experiencia, formación y trayectoria del equipo que componga la empresa, tanto la experiencia previa en otras empresas y sectores afines del equipo directivo, como la solvencia y trayectoria de los socios.

f) Contratos con proveedores, suministradores y contratos de alquiler. Se considerarán las empresas y/o profesionales que prestan servicios a la empresa solicitante y su importancia en el proceso de producción.

g) Clientes. En particular, se atenderá al volumen de clientes o usuarios de la empresa solicitante, su grado de concentración y su relevancia para la empresa en función de su diversificación.

El procedimiento de evaluación se efectuará en un plazo no superior a tres meses a contar desde la fecha en que la solicitud sea presentada en el registro electrónico habilitado al efecto. De manera que, si vencido el plazo, no se hubiera notificado la correspondiente resolución, se entenderá estimada la solicitud por silencio administrativo.

La acreditación de la condición de empresa emergente, en cualquier caso, queda supeditada a un proceso de seguimiento del cumplimiento y mantenimiento de las características recogidas en art. 3, en especial del carácter de emprendimiento innovador y escalable, pero también de la eventual concurrencia de alguna de las causas que determinan la pérdida de los beneficios previstos en esta ley especial[129]. Esta función revisora recae, principalmente, en la entidad certificadora (ENISA).

Desde el punto de vista tributario, el art. 5 de la Ley 28/2022 faculta a la Administración tributaria para comprobar el cumplimiento y mantenimiento en el tiempo de los requisitos que permiten la acreditación como empresa emergente. En efecto, el apartado 1 se redacta en los términos siguientes: «La condición de empresa emergente inscrita en el Registro Mercantil o en el Registro de Cooperativas competente, será condición necesaria y suficiente para poder acogerse a los beneficios y especialidades de esta ley. No obstante, en relación con la tributación de las empresas emergentes, la Administración tributaria podrá comprobar el cumplimiento y mantenimiento en el tiempo de los requisitos que se establecen en el artículo 3, a los efectos de la aplicación de los incentivos fiscales regulados en el capítulo I del título I, y sin perjuicio de las regularizaciones administrativas que procedan».

Como se advierte a la vista del tenor literal de la norma, la comprobación y, en su caso, regularización, tendrán sus efectos solo en relación con la aplicación de los incentivos fiscales regulados en el capítulo I del título I (arts. 7 y 8). Esto es, solo las medidas previstas para la persona jurídica, lo que, como se verá en las páginas siguientes, se concreta en una tributación reducida en el impuesto sobre la renta de dichas entidades, la posibilidad de aplazamiento del pago de las deudas tributarias, y la exoneración de los pagos fraccionados.

3. Pérdida de la certificación y fin de los beneficios fiscales

Cuando la empresa emergente deje de cumplir cualquiera de los requisitos exigidos para la certificación, será la entidad certificadora (ENISA) la que iniciará de oficio un procedimiento para dejar sin efecto la certificación de la empresa emergente. A esta cuestión se refiere el art. 11 de la Orden PCM/825/2023, de 20 de julio, en el que se establece un plazo de tres meses para que dicha entidad, previo trámite de audiencia de diez días a la empresa interesada, resuelva motivadamente y notifique la resolución.

---

[129]   En efecto, el art. 4.1 de la Ley dispone que «los emprendedores que quieran acogerse a los beneficios y especialidades de esta ley deberán solicitar a ENISA, Empresa Nacional de Innovación, S.M.E., SA, que evalúe todas las características recogidas en los artículos 3 y 6, además del criterio del carácter de emprendimiento innovador y escalable de su modelo de negocio».

La pérdida de efecto de la certificación se producirá desde el momento en que se notifique la mencionada resolución. Ahora bien, todo ello «sin perjuicio de que los beneficios derivados de la Ley 28/2022, de 21 de diciembre, se pierdan desde el momento en el que se produzca cualquiera de los supuestos recogidos en el artículo 6 de dicha ley».

Esta precisión es de gran relevancia práctica, pues disocia el momento en el que surte efectos la pérdida de la condición de empresa emergente respecto al momento en el que se produce la pérdida de los beneficios fiscales.

En relación con la pérdida de los beneficios fiscales, se ha de estar a lo dispuesto en el art. 6 del texto legal. Con arreglo a dicho, «la empresa emergente y sus inversores» no podrán o dejarán de acogerse a los beneficios previstos en la Ley cuando concurra alguno de los supuestos siguientes:

a) Deje de cumplirse cualquiera de los requisitos previstos en el art. 3 y, en particular, el término de los 5 años (o 7 para sectores estratégicos) desde la creación de la empresa emergente. Esto es, aunque no se le haya notificado la resolución de pérdida de efecto de la certificación por parte de la entidad certificadora.

b) Se extinga la empresa antes de dicho término.

c) Sea adquirida por otra empresa que no tenga la condición de empresa emergente.

d) El volumen de negocio anual de la empresa supere el valor de 10 millones de euros.

e) Lleve a cabo una actividad que genere un daño significativo al medio ambiente conforme al Reglamento 2020/852 del Parlamento Europeo y del Consejo de 18 de junio de 2020 relativo al establecimiento de un marco para facilitar las inversiones sostenibles y por el que se modifica el Reglamento (UE) 2019/2088.

f) Los socios que sean titulares, directa o indirectamente, de una participación de al menos el 5% del capital social o administradores de la empresa emergente hayan sido condenados por sentencia firme por los tipos delictivos incluidos en el art. 3.3 de la Ley.

El tenor literal de la norma suscita algunos interrogantes porque, como se puede advertir, la pérdida de las ventajas fiscales se refiere expresamente a dos de sus potenciales beneficiarios: la empresa emergente y los inversores privados. En principio, parece que ninguna de estas circunstancias afectaría a los empleados, administradores o colaboradores. Lo que tiene cierta lógica, pues se trata de circunstancias —algunas de ellas— que escapan al conocimiento que dichos sujetos puedan tener del funcionamiento de la entidad, o bien ajenas al comportamiento o voluntad de estos. Pero el mismo razonamiento podría extenderse para los inversores privados, sobre todo en relación con los inversores minoritarios no experimentados que participan en rondas de financiación a través de plataformas de financiación participativa (*equity crodwfunding*)[130].

4.   Incentivos fiscales para las empresas emergentes

El acceso al estatus de empresa emergente (*startup*) garantiza la posibilidad de contar con un trato de favor en relación con el impuesto societario.

Con este alivio fiscal nuestro legislador pretende ofrecer un reclamo para la fijación de la residencia fiscal, o bien de un establecimiento permanente en nuestro país, para los negocios de base tecnológica e innovadores.

Dicho esto, como se observará a continuación, tal atractivo no deja de ser un espejismo. Basta acudir a países de nuestro entorno (p.ej., Italia) para advertir medidas fiscales más generosas que las previstas por el legislador español[131].

4.1.   *Tributación por las rentas obtenidas*

Uno de los parámetros que se suele valorar a la hora de planificar la forma jurídica bajo la que se va a desarrollar una actividad económica es el tipo impositivo al que resultarán gravados los beneficios.

Tratándose de personas jurídicas, es sabido que el art. 29 de la LIS fija el tipo general de gravamen en el 25%; el cual, a partir de 1 de enero de 2023, queda establecido en el 23% para las entidades cuyo *importe* neto de la cifra de negocios del período impositivo inmediato anterior sea inferior a 1 millón de euros[132].

También con carácter general, y con arreglo a la redacción dada por la Ley de fomento de la actividad económica de 2014 —ya citada en estas páginas—, se establece un tipo de gravamen reducido del 15% para las «empresas de nueva creación que realicen actividades económicas» de aplicación en el primer ejercicio en el que estas generen base imponible positiva y en el siguiente, salvo que deban tributar a

---

[130]   Navarro Egea, Mercedes, «Inversión en *startups* a través de plataformas de *equity crowdfunding* y su tratamiento en la Ley del Impuesto sobre la Renta de las Personas Físicas», *Crónica Tributaria*, n. 184, 2022, p. 87.

[131]   Como apunta Falchi, las *startups* y las PYMES innovadoras no son tipos societarios nuevos y autónomos, o modelos diferenciados por el tipo de actividad desarrollada, se trata de «un *status* que comporta la aplicación de un régimen de favor». *Vid.*, Fabra Vals, M.; y Falchi, P., «Los incentivos fiscales para el fomento de la innovación empresarial en España o Italia», *Quincena Fiscal*, n.5, 2017, disponible en Aranzadi Instituciones (BIB 2017, 11996), p. 24; Pagamici, B., «Start up innovative con agevolazioni fiscale potenziate per gli investitori», 2019, Start up innovative con agevolazioni fiscali potenziate per gli investitori (ipsoa.it).

[132]   Según el estudio realizado por CEPES, la economía de cuidados se compone por micro y pequeñas empresas, con ingresos inferiores a 2 millones de euros. En concreto, los ingresos promedio anuales son de 110 mil anuales (Cepes, *Los cuidados...*, cit., pp. 5 y 32).

un tipo inferior de acuerdo con lo previsto en dicho art. 29 LIS relativo al tipo de gravamen del impuesto societario[133].

Esta tributación más favorable queda supeditada a la regla de tributación mínima efectiva prevista en el art. 30 bis de la LIS para las entidades cuya cifra de negocios sea al menos de 20 millones de euros durante los 12 meses anteriores a la fecha en que se inicie el período impositivo, o bien tributen en el régimen especial de consolidación fiscal[134] con independencia de cuál sea el importe neto de la cifra de negocios. Para estos supuestos, la norma dispone que la cuota líquida no podrá ser inferior al resultado de aplicar el 15% a la base imponible en los términos descritos por dicho precepto[135]. Un porcentaje que se ajusta, para el caso de las entidades de nueva creación, a las que resulte de aplicación el tipo reducido del 15% (art. 29.1 LIS), en cuyo caso la regla de cálculo de la tributación mínima tomará como porcentaje el 10%. Dicho esto, se ha de reconocer que la aplicación de esta medida tiene una escasa incidencia en las empresas de nueva creación, pues la cifra de negocios no suele rebasar el umbral fijado por la Ley. Sirvan de ejemplo los datos publicados sobre Cuideo, una plataforma digital de cuidados que es un referente como proyecto de emprendimiento innovador de éxito. Esta *startup* española, fundada en 2016, triplicó su negocio en 2019, alcanzando una facturación bruta de 15 millones, 10 millones más que en 2018[136]. Se trata de una experiencia aislada, pues la realidad de las *startups* se sitúa en umbrales más bajos[137].

El tipo reducido del 15% previsto para las empresas de nueva creación supone, en efecto, un ligero alivio de la carga fiscal asociada a los primeros años de ejercicio de la actividad económica. Y se ha de enfatizar el calificativo utilizado («ligero») porque desde distintos foros profesionales se viene cuestionando la eficacia de

---

[133] Introducido en el Texto Refundido de la Ley del Impuesto sobre Sociedades, aprobado por Real Decreto Legislativo 4/2004, de 5 de marzo, por la Ley 11/2013, de 26 de julio, de medidas de apoyo al emprendedor y de estímulo del crecimiento y de la creación de empleo. *Vid.* ROMERO FLOR, Luis María; ÁLAMO CERRILLO, Raquel, «Incentivos fiscales al emprendimiento», *Quincena Fiscal*, n. 17/2014, disponible en Aranzadi Insignis (BIB 2014, 3376). Sobre su aplicación a las cooperativas, ATXABAL RADA, Alberto, «Las medidas fiscales para favorecer el emprendimiento por las cooperativas, *REVESCO: Revista de Estudios Cooperativos*, n. 133, 2020, pp. 13 y ss.

[134] Régimen especial regulado en el cap. VI del tít. VII de la LIS.

[135] Con arreglo a su tenor literal, «la cuota líquida no podrá ser inferior al resultado de aplicar el 15 por ciento a la base imponible, minorada o incrementada, en su caso y según corresponda, por las cantidades derivadas del artículo 105 de esta Ley y minorada en la Reserva por Inversiones regulada en el artículo 27 de la Ley 19/1994, de 6 de julio, de modificación del Régimen Económico y Fiscal de Canarias. Dicha cuota tendrá el carácter de cuota líquida mínima».

[136] https://dozeninvestments.com/recursos/cuideo-cierra-una-ronda-de-financiacion-de-16me-y-los-socios-de-the-crowd-angel-consiguen-multiplicar-su-rentabilidad/

[137] Por ejemplo, en el año 2016, el 64% de las *startups* españolas ganó menos de 50.000 euros (*European Startups Monitor*, 2016, p. 74 (https://europeanstartupnetwork.eu/wp-content/uploads/2017/11/ESM_2016.pdf).

esta minoración del impuesto debido al estrecho marco temporal en que resulta de aplicación («en el primer período impositivo en que la base imponible resulte positiva y en el siguiente»). Una apreciación que no es baladí si se tiene en cuenta que la Administración tributaria reduce aún más el efecto de la medida al entender que la aplicación del tipo reducido se ha de ajustar al tenor literal de la norma y, por consiguiente, que la rebaja fiscal se ha de aplicar en dos ejercicios consecutivos, esto es, en el período impositivo en el que se genera la base imponible positiva y en el siguiente, con independencia de cuál sea el resultado, positivo o negativo, de la base imponible. Este criterio interpretativo, confirmado por el TEAC mediante resolución de 24 de julio de 2023 (rec. 4696/2023), renuncia a tomar en consideración otros criterios interpretativos admitidos por el Código Civil, y, por tanto, a la posibilidad de una interpretación finalista más favorable para el contribuyente, que permita considerar que el «ejercicio siguiente» se refiere al período impositivo en el que se vuelva a obtener una base imponible positiva.

Pues bien, el art. 7 de la Ley de *Startups* mejora la tributación de las empresas emergentes, estableciendo para estas un tipo de gravamen reducido del 15%, pero que será de aplicación «*en el primer período impositivo en que, teniendo en cuenta dicha condición, la base imponible resulte positiva y en los tres siguientes, siempre que mantengan la condición citada*».

La leve mejora introducida en el tratamiento fiscal previsto para estas empresas, como se puede advertir, amplía el marco temporal en el que será de aplicación el tipo impositivo reducido: dos años más que el previsto para las empresas de nueva creación. Ahora bien, la redacción utilizada por la norma se plantea en términos similares a la que ha suscitado la controversia resuelta por el TEAC. Ello significa que el incentivo fiscal puede tener un efecto real más limitado, pues si se genera una base imponible positiva, y en alguno de los tres ejercicios siguientes, o incluso en todos ellos, se producen pérdidas, con las sucesivas bases imponibles negativas se evaporará el aliciente fiscal.

Para optimizar la rebaja fiscal las empresas tendrán que planificar sus decisiones de gestión del negocio; por ejemplo, tendrán que valorar la conveniencia de diferir los eventuales ingresos a efectos de retrasar el momento en el que se activará el impuesto como consecuencia de la generación de una base imponible positiva. O, en el caso de que hayan generado bases imponibles negativas en los primeros períodos impositivos desde su constitución, podrán reservarlas para su compensación con las bases imponibles positivas correspondientes a períodos impositivos futuros en los que no pueda ser de aplicación el tipo reducido por haber superado el plazo de aplicación del régimen fiscal especial para las empresas emergentes.

Estas medidas de alivio se extienden a los establecimientos permanentes situados en el territorio español, sujetos pasivos del Impuesto sobre la Renta de No Residentes, y que tengan la condición de empresas emergentes de conformidad con lo previsto en la Ley de *Startups*.

4.2. *Aplazamiento del pago de las deudas tributarias*

De existir bases imponibles positivas, el art. 7 de la Ley de *Startups* atenúa el impacto fiscal abriendo la posibilidad de que los contribuyentes, tanto del IS como los establecimientos permanentes sujetos al IRNR, soliciten a la Administración tributaria el aplazamiento del pago de la deuda tributaria en el momento de la presentación de su autoliquidación.

Tal posibilidad también tiene un marco temporal definido, referido a «la deuda tributaria correspondiente a los dos primeros períodos impositivos en los que la base imponible del impuesto sea positiva». Téngase en cuenta que la redacción difiere de la utilizada para la aplicación del tipo de gravamen del 15 %. Este matiz es subrayado por los autores, puesto que significa que el aplazamiento no se aplica, necesariamente, a dos ejercicios consecutivos. Nada impide que se pueda solicitar en períodos impositivos alternos, la condición es que se trate de ejercicios en los que existe deuda a ingresar por parte de una entidad que tiene la condición de empresa emergente[138].

La concesión del aplazamiento será automática, con dispensa de garantías, por un período de 6 o 12 meses, respectivamente, desde la finalización del plazo de ingreso en período voluntario de la deuda tributaria correspondiente a dichos ejercicios.

El ingreso de la deuda tributaria aplazada se efectuará en el plazo de un mes a contar desde el día siguiente al vencimiento de cada uno de los plazos señalados, sin que tenga lugar el devengo de intereses de demora.

El disfrute de esta ventaja queda condicionado, no solo a que el contribuyente se encuentre al corriente de sus obligaciones tributarias a la fecha en la que se solicite el aplazamiento (una condición que se impone con carácter general a las empresas emergentes para acceder a los beneficios de esta Ley en su art. 3), sino también a que la autoliquidación se haya presentado en plazo. Esto significa que no será posible pretender el aplazamiento en las condiciones señaladas cuando se trate del pago de la deuda resultante de la presentación de una declaración complementaria.

4.3. *Exoneración de la obligación de realizar pagos fraccionados*

En coordinación con el aplazamiento del pago, el art. 7 de la Ley exonera a las empresas emergentes, contribuyentes del IS y establecimientos permanentes sujetos al IRNR, de la obligación de presentar pagos fraccionados[139] a cuenta de la liquidación correspondiente al período impositivo inmediato posterior a cada uno

---

[138]   VV.AA., *Aspectos clave de la nueva regulación de las startups o empresas emergentes*, Francis Lefebvre, 2023, p. 34.

[139]   Obligaciones reguladas en los arts. 40 y 41 LIS y art. 23.1 TRLIRNR.

de los referidos en el apartado anterior. Por supuesto, siempre que se mantenga la condición de empresa emergente.

V. INCENTIVOS FISCALES PARA LA INVERSIÓN PRIVADA

La financiación del proyecto empresarial representa uno de los mayores obstáculos para la creación y crecimiento de las empresas emergentes. Desde diversos foros autorizados en la materia se viene llamando la atención sobre los elevados gastos que han de acometer estas empresas en su fase inicial (personal cualificado, desarrollos informáticos, etc.), sin que exista una base de clientes estable, y con el riesgo que entraña un proyecto no testado en el mercado. A la dificultad para obtener financiación de las fuentes tradicionales (crédito bancario) se une que, en nuestro país, son escasos los fondos de capital riesgo que invierten en estas empresas en sus fases tempranas, tanto de inicio (arranque o *start-up*) como de crecimiento (gacela o *scape-up*); y, asimismo, que la captación de fondos mediante fórmulas de financiación participativa (*crowdfunding*) no está suficientemente consolidada[140].

La Ley de *Startups* intenta solventar estos problemas de financiación con una mejora de la fiscalidad que recae sobre los inversores privados. En concreto, para atraer capital a la fase inicial del proyecto empresarial se mejora el tratamiento fiscal de los inversores, personas físicas[141]. De nuevo, cabe hablar de mejoras porque la Ley, en su disposición final tercera, se limita a introducir leves modificaciones sobre el esquema de incentivos fiscales incorporado a la Ley del IRPF por la Ley de fomento del emprendimiento de 2013, y que inciden tanto en el momento de la entrada de capital en las empresas emergentes como en el momento de la salida o desinversión (*exit*).

---

[140]   Véase la Memoria de Análisis de Impacto Normativo (MAIN) que acompañó a la Ley de *Startups* en su proceso de gestación (https://www.congreso.es/docu/docum/ddocum/dosieres/sleg/legislatura_14/spl_36/pdfs/2.pdf).

[141]   Como novedad, se incentiva la presencia del capital riesgo mediante una exención parcial de los rendimientos percibidos por los administradores, gestores y empleados de las entidades de capital riesgo derivados, directa o indirectamente, de participaciones, acciones u otros derechos, incluidas posibles comisiones de éxito, que otorguen derechos económicos especiales (*carried interest*). La disposición final tercera de la Ley de *Startups* introduce la disposición adicional quincuagésima tercera en la Ley del IRPF en la que se establece que las rentas percibidas por los administradores, gestores o empleados de las entidades de capital riesgo titulares de acciones, participaciones o derechos de los que se derivan tales ingresos se calificarán como rendimientos del trabajo y se integrarán en la base imponible en un 50 por ciento de su importe, sin que resulte de aplicación exención o reducción alguna. No será de aplicación el tratamiento previsto en este apartado cuando los derechos económicos especiales procedan directa o indirectamente de una entidad residente en un país o territorio calificado como jurisdicción no cooperativa o con el que no exista normativa que sea de aplicación sobre asistencia mutua en materia de intercambio de información tributaria en los términos previstos en la Ley 58/2003, de 17 de diciembre, General Tributaria.

En efecto, los inversores privados, entendiendo por tales las personas físicas que adquieran la condición de accionistas o socios partícipes en el capital de una entidad de nueva o reciente creación, pueden combinar dos técnicas desgravatorias: i) una deducción en la cuota del impuesto sobre la renta en el momento de la inversión (art. 68.1 LIRPF), y ii) una exención por reinversión de la ganancia patrimonial (art. 38.2 LIRPF).

Algunas CCAA[142], en el ejercicio de sus competencias normativas en materia de IRPF[143], también han establecido deducciones para sus residentes que amplían

[142] El catálogo de deducciones autonómicas que tienen por objeto incentivar la inversión privada es variado, lo que no redunda en una auténtica ventaja para los contribuyentes. Además de los problemas de seguridad jurídica y de desigualdad entre ciudadanos en función del territorio en el que residan. Todas estas desgravaciones fiscales comparten una estructura coincidente con la estatal en cuanto a los requisitos y condiciones que han de concurrir tanto para el inversor como para la entidad receptora de los capitales. También obligan a mantener tales exigencias por un período mínimo a efectos de consolidar la rebaja fiscal. Sobre este común denominador se advierten ligeras variaciones sin que pueda apreciarse una razón clara que justifique el matiz diferenciador. Tal es el caso, por ejemplo, de la deducción aragonesa, que establece un plazo de 4 años para el mantenimiento de los requisitos y condiciones exigidos para consolidar el beneficio general, cuando la mayoría de las deducciones autonómicas fija esta exigencia en 3 años. Existen diferencias que inciden en la forma jurídica de la entidad destinataria de los fondos (p.ej., incluyendo a las cooperativas en las deducciones de Andalucía, Galicia y Murcia); la necesaria localización del domicilio social y fiscal de la entidad que recibe las inversiones en el territorio de la correspondiente Comunidad Autónoma; la generación de empleo; y el requisito formal de que las operaciones se eleven a escritura pública con indicación de los inversores, el importe invertido y el porcentaje de participación adquirido (Agencia Tributaria: IRPF Deducciones autonómicas).

[143] Las CCAA, de conformidad con los arts. 19.2.a) de la LOFCA y 46 de la Ley 22/2009, de 18 de diciembre, por la que se regula el sistema de financiación de las Comunidades Autónomas de régimen común y las Ciudades con Estatuto de Autonomía, pueden asumir, entre otras, competencias normativas relativas a la aprobación de deducciones sobre la cuota íntegra por los siguientes conceptos: circunstancias personales y familiares, por inversiones no empresariales y por aplicación de renta, siempre que no supongan, directa o indirectamente, una minoración de gravamen efectivo de alguna o algunas categorías de renta; así como subvenciones y ayudas públicas no exentas que se perciban de la Comunidad Autónoma, con excepción de las que afecten al desarrollo de actividades económicas o a las rentas que se integren en la base del ahorro. Adicionalmente, las competencias de las CCAA se extienden a ciertos aspectos complementarios, a saber: la justificación exigible para aplicar las deducciones; los límites de deducción; su sometimiento o no al requisito de comprobación de la situación patrimonial; y las reglas especiales aplicables en los supuestos de tributación conjunta, periodo impositivo inferior al año natural y determinación de la situación familiar. A falta de una regulación específica sobre estas cuestiones, será de aplicación lo previsto en la normativa estatal del IRPF. Cabe llamar la atención sobre una posible extralimitación de competencias normativas por parte de las CCAA dado que, como se ha indicado, la Ley de cesión permite que se establezcan deducciones sobre «inversiones no empresariales». Para RIBES, el incentivo se reconoce en primera instancia al inversor, aunque de forma indirecta también se proyecta en la empresa destinataria de los fondos y, más concretamente, en las radicadas en el territorio de la respectiva Comunidad Autónoma (RIBES RIBES, Aurora, «Reflexiones críticas sobre el tratamiento fiscal de los inversores de proximidad o *Business Angels*», *Quincena Fiscal*, n. 24, 2014, disponible en Aranzadi Instituciones, BIB 2014, 2526, p. 16.

el abanico de las posibilidades que se le abren al contribuyente inversor. De hecho, cabe señalar que el origen de estos incentivos fiscales en el IRPF se localiza en la experiencia proporcionada por las medidas adoptadas por algunas CCAA (Cataluña, Madrid, Andalucía, etc.) para fomentar la figura del inversor de proximidad (*business angels*).

Los incentivos estatales no solo van dirigidos a este inversor cualificado o inversor de proximidad, que aporta conocimientos a la entidad en la que invierte capital, sino que se ponen en relación con otras fórmulas de microfinanciación a través de plataformas de financiación participativa —también denominadas plataformas de *equity crowdfunding*—. Estas alternativas de financiación permiten dar entrada a un colectivo de potenciales inversores más extenso, en el que encuentran cabida tanto inversores experimentados (*business angels*) como los no experimentados (*crowd angels*)[144].

Estas fórmulas para la captación de capital empiezan a ser utilizadas en el ámbito de la economía de cuidados. De nuevo, el ejemplo viene dado por Cuideo, pues esta *startup* ha logrado captar capital privado a través de sucesivas rondas de financiación organizadas por plataformas de *equity crodwfunding*[145] (Dozen, The Crowd Angel, etc.). Ya consolidada como una plataforma digital líder en el segmento de los cuidados a domicilio, esta entidad empresarial también es un referente en cuanto a la posibilidad de salida del capital mediante la venta de parte de las participaciones societarias con una rentabilidad de más del 60% anual. Un resultado exitoso en el momento de la desinversión que permite ilustrar el interés del beneficio fiscal previsto para los supuestos en que la salida del capital conlleva la realización de las ganancias patrimoniales para los inversores.

1. **Deducción por aportación temporal al capital de la empresa por inversores personas físicas**

La disposición final tercera de la Ley de *Startups* da nueva redacción a la deducción de la cuota del IRPF contenida en el art. 68.1 de su ley reguladora para aquellos contribuyentes que realicen inversiones en empresas de nueva o reciente creación.

Esta medida fiscal, como se ha avanzado, tiene su origen en la meritada Ley 14/2013, de 27 de septiembre, de fomento del emprendimiento, con la que se intentó reactivar la economía para afrontar la crisis económico-financiera iniciada en 2008. La dificultad de acceso al crédito de las empresas en dicho período dio lugar

---

[144]　NAVARRO EGEA, Mercedes, «Inversión en *startups…*», *op.cit.*, p. 87.

[145]　El 7 de octubre de 2020, la Unión Europea aprobó el Reglamento (UE) 2020/1503 del Parlamento Europeo y del Consejo, relativo a los proveedores europeos de servicios de financiación participativa para empresas, y por el que se modifican el Reglamento (UE) 2017/1129 y la Directiva (UE) 2019/1937. En nuestro ordenamiento jurídico, dicha regulación se complementa con la denominada «Ley Crea y Crece» (Ley 18/2022, de 28 de septiembre, de creación y crecimiento de empresas).

a que se potenciara la financiación privada como una alternativa a las fuentes de financiación tradicionales, dando entrada a dos figuras novedosas: los *business angels* y las plataformas de *equity crowdfunding*.

La Ley 28/2023 profundiza en el impulso a estas fórmulas de financiación privada con una mejora de la deducción estatal regulada en el art. 68.1 de la Ley del IRPF, tanto en lo que respecta a su cuantía como en relación con algunos de los requisitos y condiciones exigidos para su disfrute. A pesar de que estos retoques van orientados a las *startups*, no son lo suficientemente significativos para que esta deducción de la cuota se pueda etiquetar como un incentivo fiscal específico para dicha categoría de empresas.

De forma resumida, el contenido de la reforma se concreta en el aumento de la deducción por inversión en empresas de nueva o reciente creación como consecuencia de los siguientes ajustes:

— El incremento del tipo de deducción del 30 al 50 por ciento.
— El aumento de la base máxima de deducción de 60.000 a 100.000 euros.
— La ampliación del plazo de 3 a 5 años para suscribir las acciones o participaciones, a contar desde la constitución de la entidad, y hasta 7 años para determinadas categorías de empresas emergentes.
— La aplicación de la deducción a los socios fundadores con independencia de su porcentaje de participación en el capital.

Con arreglo a la nueva redacción del art. 68.1 de la LIRPF, los contribuyentes personas físicas podrán minorar la cuota íntegra estatal del citado impuesto con una deducción del 50% de las cantidades satisfechas o aportadas en el período impositivo para suscribir acciones o participaciones de empresas de nueva o reciente creación, siendo la base máxima de deducción 100.000 euros.

Estos inversores pueden ser contribuyentes dispuestos a generar capital semilla (*seed capital*) en la fase temprana de un proyecto empresarial; en principio, el propio emprendedor y las personas de su entorno próximo. Pero el perímetro de los potenciales inversores es más amplio: por un lado, pueden encontrar cabida los denominados inversores de proximidad (*business angels*), aquellos que, además de capital, aportan conocimientos empresariales y profesionales que añaden valor al proyecto; y por otro, la rebaja fiscal queda igualmente abierta a los inversores, experimentados o no, que participen en rondas de financiación a través de plataformas de *equity crowdfunding*, incluso en el caso de que estos operadores tengan su sede en otra jurisdicción fiscal o que las participaciones en el capital se refieran a una entidad con sede en otra jurisdicción fiscal[146].

---

[146] La norma exige que el contribuyente que realice la inversión adquiera las acciones o participaciones en la entidad, convirtiéndose en accionista o partícipe directo, sin que se haga referencia a ningún

Para evitar una doble deducción (estatal y autonómica), la Ley estatal prevé expresamente que de la base de deducción habrá que descontar la cuantía satisfecha por la adquisición de las acciones o participaciones que hayan dado lugar a la aplicación de una deducción establecida por una Comunidad Autónoma en el ejercicio de sus competencias[147].

En cuanto a los requisitos y condiciones que han de cumplirse para el disfrute de la deducción fiscal, aparecen diferenciados los que atañen a la entidad cuyas acciones o participaciones se adquieran y los relativos a la inversión.

---

requisito en relación con la plataforma de financiación participativa. En este sentido, se pronuncia la DGT en relación con un supuesto en el que el contribuyente invirtió en una sociedad española mediante una herramienta de *equity crowdfunding* residente en Reino Unido, confirmando la aplicación del incentivo fiscal en estas circunstancias (consulta vinculante V0137-20, de 21 de enero de 2020). La norma no resuelve si el incentivo fiscal resultará de aplicación en aquellos casos en los que los inversores participan en rondas de financiación de empresas emergentes radicadas en otros Estados. De Pablo Varona, en relación con esta cuestión, recuerda que el precepto ha de ser interpretado con arreglo a las libertades protegidas en la UE y, por consiguiente, cabe la aplicación de la deducción en aquellos casos en que las personas físicas residentes en España invierten en empresas de nueva creación de características similares a las mencionadas en la norma española (DE PABLO VARONA, Carlos, «La fiscalidad de la financiación participativa ('crowdfunding'), en la obra colectiva *La fiscalidad del emprendimiento*, Thomson Reuters Aranzadi, 2018, p. 405). En este sentido, cabe citar la reciente sentencia del TJUE de 16 de noviembre de 2023, *NO*, asunto C-472/22, en la que se rechaza una práctica administrativa que consiste en denegar a los contribuyentes —portugueses— que poseen participaciones en sociedades extranjeras —francesas— una ventaja fiscal. El órgano jurisdiccional señala que esta práctica podría implicar una restricción injustificada de la libertad de establecimiento prevista en el art. 49 TFUE, ya que tiene por efecto disuadir a los residentes de participar, de manera estable y continua, en la vida económica de otro Estado miembro, y de la libre circulación de capitales prevista en el art. 63 TFUE, en la medida en que podría disuadir a los residentes de invertir su capital en otro Estado miembro. El Tribunal concluye de forma rotunda que «el art. 63 TFUE debe interpretarse en el sentido de que se opone a una práctica tributaria de un Estado miembro, en materia del impuesto sobre la renta de las personas físicas, que establece que una ventaja fiscal, consistente en reducir a la mitad la tributación de las plusvalías generadas por la transmisión de participaciones en sociedades, se reserva únicamente a las transmisiones de participaciones en sociedades establecidas en dicho Estado miembro, excluyendo las participaciones de sociedades establecidas en otros Estados miembros».

[147]   En general, las deducciones establecidas por las CCAA son de escasa cuantía. Por ejemplo, en el caso de la Región de Murcia, el art. 1.Seis del Texto Refundido de las disposiciones legales vigentes en la Región de Murcia en materia de tributos cedidos (RDLeg. 1/2010, de 5 de noviembre), establece que los contribuyentes podrán «deducir en la cuota íntegra autonómica, y con un límite de 4.000 euros, el 20 % de las cantidades invertidas durante el ejercicio en la adquisición de acciones o participaciones sociales como consecuencia de acuerdos de constitución de sociedades o de ampliación de capital en sociedades anónimas, limitadas, anónimas laborales, limitadas laborales o cooperativas». Entidades que, en todo caso, deben tener el domicilio social y fiscal en la Comunidad Autónoma de la Región de Murcia. Una exigencia que, como se ha apuntado, suele ser lo normal en la configuración de estas deducciones autonómica, y que supone un obstáculo para la realización de las libertades garantizadas por el TFUE, principalmente a la libre circulación de capitales como se desprende, entre otras, de sentencia de 16 de noviembre de 2023, *NO*, asunto C-472/22.

En relación con los primeros, la entidad:

1) Durante todo el tiempo de tenencia de la inversión, deberá revestir la forma de sociedad anónima, sociedad de responsabilidad limitada, sociedad anónima laboral o sociedad de responsabilidad limitada laboral[148], y no estar admitida a negociación en ningún mercado organizado, tanto mercado regulado como sistemas multilaterales de negociación.

2) Deberá ejercer una actividad económica que cuente con los medios personales y materiales para el desarrollo de la misma. En particular, no podrá tener un patrimonio mobiliario o inmobiliario a que se refiere el art. 4.8.dos.a) de la Ley 19/1991, de 6 de junio, del Impuesto sobre el Patrimonio, en ninguno de los períodos impositivos de la entidad concluidos con anterioridad a la transmisión de la participación.

3) La cifra de los fondos propios de la entidad no podrá superar los 400.000 euros en el inicio del período impositivo en que el contribuyente adquiera la participación. Cuando la entidad forme parte de un grupo de sociedades en el sentido del art. 42 del Código de Comercio, con independencia de la residencia y de la obligación de formular cuentas consolidadas, el importe de los fondos propios se referirá al conjunto de entidades pertenecientes a dicho grupo.

A efectos de acreditar el cumplimiento de este elenco de exigencias en el ejercicio en el que se realiza la inversión, se exige que el inversor obtenga una certificación expedida por la entidad cuyas acciones o participaciones se hayan adquirido. Adicionalmente, las empresas receptoras del capital deberán presentar ante la Administración tributaria una declaración tributaria (modelo 165), de carácter informativo, en la que, de forma periódica, cada mes de enero, proporcionarán los datos siguientes: identificación de la entidad, identificación de los adquirentes de las acciones o participaciones, el importe y la fecha de adquisición de las mismas y el porcentaje de participación que corresponda a los adquirentes de dichos valores.

Adicionalmente, la Ley del IRPF exige el cumplimiento de las siguientes condiciones relacionadas con la inversión:

1) Que las acciones o participaciones en la entidad hayan sido adquiridas por el contribuyente en el momento de la constitución de capital o mediante ampliación de capital efectuada, con carácter general, en los 5 años siguientes a dicha constitución en el caso de empresas emergentes a las que se

---

[148] En los términos previstos en el Texto Refundido de la Ley de Sociedades de Capital, aprobado por el Real Decreto Legislativo 1/2010, de 2 de julio, y en la Ley 44/2015, de 14 de octubre, de Sociedades Laborales y Participadas.

refiere la Ley de *Startups*[149], y que permanezcan en su patrimonio por un plazo superior a 3 años e inferior a 12 años.

2) En caso de que se trate de una participación directa o indirecta del contribuyente, junto con la que posean en la misma entidad su cónyuge o cualquier persona unida al contribuyente por parentesco, en línea recta o colateral, por consanguinidad o afinidad, hasta el segundo grado incluido, no puede ser, durante ningún día de los años naturales de tenencia de la participación, superior al 40% del capital social de la entidad o de sus derechos de voto. Como excepción, tal limitación no se extenderá a los socios fundadores de una empresa emergente con arreglo a la Ley de *Startups*.

3) Que no se trate de acciones o participaciones en una entidad a través de la cual se ejerza la misma actividad que se venía desarrollando anteriormente mediante otra titularidad.

Pocas son las novedades introducidas por la Ley de *Startups*. Aunque el incentivo fiscal se orienta a la obtención de capital en los primeros 5 años de vida de la empresa, se ha de reiterar que no se trata de una deducción específica para esta categoría de empresas. El efecto desgravatorio tiene un ámbito de aplicación más extenso, pues atiende a una realidad empresarial más amplia en la que quedan incluidas las empresas de nueva o reciente creación que no hayan sido acreditadas por ENISA como empresas emergentes.

Probablemente la mejora más significativa es la posibilidad de que los fundadores de las *startups* puedan aprovechar la rebaja fiscal sin que se vean condicionados por el límite del porcentaje de participación previsto para las inversiones realizadas en el entorno familiar más cercano; un requisito específico que, en caso de que la

---

[149]   Nótese que, en relación con la entrada en vigor, el primer párrafo de la propia disposición final tercera de la Ley 28/2022 recoge expresamente que la modificación aprobada tendrá efectos desde 1 de enero de 2023. En la práctica se ha planteado la duda sobre si la rebaja fiscal, en la redacción dada por esta Ley, podría ser de aplicación a los supuestos de ampliaciones de capital efectuadas durante 2022, pasados los tres años desde la constitución de la sociedad. La cuestión se ha planteado en una consulta escrita elevada a la Dirección General de Tributos por una sociedad constituida en 2018, donde se plantea si los socios podrían aplicarse la deducción en el periodo impositivo 2022. Para el centro directivo, a partir de 2023 el plazo anterior —de 3 años— se amplía a 5 años por lo que, habiéndose constituido la sociedad en 2018, los socios puedan aplicarse la deducción en 2023 por la suscripción de acciones o participaciones en ampliaciones de capital efectuadas con posterioridad a su entrada en vigor hasta el día de 2023 en que se cumpla el citado plazo de cinco años desde la constitución de la sociedad. Todo ello siempre que se cumplan los restantes requisitos exigidos por el art. 68.1 de la LIRPF (V1371-2023, de 22 de mayo 2023). También ha quedado despejada la duda planteada ante el centro consultivo en relación con una inversión que el contribuyente formalizó en diciembre de 2022, entendiendo que en estas circunstancias el porcentaje de deducción será el 30 por ciento y la base máxima de deducción será de 60.000 euros anuales (consulta vinculante V1095-23, 4 de mayo de 2023).

entidad pierda la condición de empresa emergente, comportará la pérdida del beneficio fiscal con arreglo a lo dispuesto en el art. 6 de la Ley de *Startups*.

Dicho esto, se ha de señalar que, si el proyecto empresarial resulta exitoso, la conservación de las acciones o participaciones más allá de 12 años también conllevará la pérdida del beneficio fiscal —sea o no *startup*—. La puesta en práctica de la exigencia temporal fijada por la norma tributaria puede tener efectos contraproducentes, pues la eventual pérdida del beneficio fiscal ante el incumplimiento de este requisito sobre la duración de la inversión puede forzar la venta de las acciones o participaciones en condiciones menos ventajosas para el inversor (un valor inferior al de mercado).

La configuración de la deducción no está pensada para que los inversores —entre ellos, los fundadores— puedan conservar el negocio empresarial. La inversión que se incentiva es de carácter temporal, pues se trata de ayudar a las empresas a transitar en los primeros momentos de su ciclo vital, donde se localizan las mayores dificultades para su financiación. La contrapartida es que convierte a las empresas jóvenes, también a las empresas emergentes, en un producto especulativo, donde las entidades de capital riesgo pueden ser las grandes beneficiarias, toda vez que este tipo de inversores suelen entrar en escena en una fase más avanzada (*scale-up*), cuando los proyectos empresariales empiezan a crecer exponencialmente. Esta fase suele coincidir con ese horizonte temporal de los 12 años, donde la urgencia en la desinversión para conservar la deducción fiscal —y, en su caso, la exención de la ganancia patrimonial— se convierte en una oportunidad de compra para los nuevos inversores (capital riesgo o empresas de mayor envergadura).

Parece razonable que, como ocurre en otros países (Reino Unido[150] o Italia[151]), el incentivo fiscal aparezca subordinado a un requisito temporal de mantenimiento de la inversión que garantice la vinculación o compromiso con el proyecto empresarial. Ahora bien, no lo es tanto que una exigencia de este tipo obligue a la desinversión (*exit*), como así sucede en la norma española al imponer al inversor que las acciones o participaciones deban «permanecer en su patrimonio por un plazo superior a tres años e inferior a doce años».

Los efectos perversos que para los inversores presenta la actual configuración del requisito de mantenimiento de la inversión deberían ser considerados de cara a una futura revisión de esta deducción fiscal. No es el único aspecto que podría ser retocado para optimizar la función de esta rebaja fiscal como medida de apoyo a las empresas emergentes. En este sentido, podría contemplarse la posibilidad de simplificar los requisitos referidos a la entidad receptora del capital cuando se trata

---

[150]   Incentivos fiscales para el inversor en España | Follow and Connect (finanziaconnect.com)
[151]   Accordino, Patrizia, «Il caso Italia…», *op. cit.*, p. 199.

de una empresa a la que se le ha reconocido la condición de *startups* por ENISA; en estos casos, bastaría con requerir que se acredite tal calificación.

Incluso, para allegar recursos financieros y potenciar la internacionalización de estos negocios, sería deseable que el aliciente fiscal fuera útil para atraer potenciales inversores personas jurídicas, así como a inversores no residentes[152].

Las observaciones expuestas ponen de manifiesto algunas de las carencias de la reforma de la deducción fiscal llevada a cabo por la Ley de *Startups*, y con ello la necesidad de seguir avanzando en la configuración de estos beneficios fiscales para que cumplan con su finalidad de estimular el emprendimiento innovador en nuestro país.

2. Exención de las ganancias obtenidas en el momento de la desinversión

La participación en la financiación de una *startup* implica la ausencia de cualquier expectativa en cuanto a la posibilidad de participar en los beneficios que pueda generar la actividad económica desarrollada por esta. Téngase en cuenta que dicha entidad no podrá repartir dividendos —o retornos en caso de cooperativas— en los primeros ejercicios de su ciclo vital (art. 3 Ley de *Startups*).

El aliciente para el inversor en estas circunstancias es la probabilidad de que, transcurrido un tiempo, pueda realizar una ganancia patrimonial en el momento de la desinversión. En efecto, en algunos casos las rentabilidades obtenidas pueden ser muy notables (Cuideo es un ejemplo de éxito, con una rentabilidad de hasta el 60%), pero no siempre será así. La probabilidad de fracaso que acompaña a estos modelos de negocios es, si cabe, más elevada que la de éxito. Por otra parte, no se puede desdeñar que otro de los inconvenientes que presenta la inversión en capital en este tipo de empresas es la dificultad para la salida (*exit*) de los inversores minoristas que se han ido incorporando como socios a través de las sucesivas rondas de captación de capital vía plataformas de *equity crowdfunding*.

Este problema está latente, tanto en el Reglamento europeo relativo a los proveedores europeos de servicios de financiación participativa para empresas[153], como en la ley que lo complementa en nuestro ordenamiento jurídico[154]. Y, en

---

[152] En relación con los no residentes sin establecimiento permanente en territorio español, el art. 26 del TRIRNR establece que «de la cuota, solo se deducirán las deducciones por donativos en los términos previstos en el art. 69.3 del texto refundido de la Ley del Impuesto sobre la Renta de las Personas Físicas, aprobado el Real Decreto Legislativo 3/2004, de 5 de marzo» (reguladas en el actual art. 68.3 de la Ley IRPF). Estas asimetrías obstaculizan las libertades del Derecho de la Unión Europea. En ese sentido, *vid.* De Pablo Varona, Carlos, «La fiscalidad de la financiación…», *op.cit.*, p. 409.

[153] Reglamento (UE) 2020/1503 del Parlamento Europeo y del Consejo, de 7 de octubre de 2020, relativo a los proveedores europeos de servicios de financiación participativa para empresas, y por el que se modifican el Reglamento (UE) 2017/1129 y la Directiva (UE) 2019/1937.

[154] Ley 18/2022, de 28 de septiembre, de creación y crecimiento de empresas.

este sentido, este cauce de financiación privada a través de plataformas de *equity crowdfunding* se orienta a los promotores de proyectos empresariales que garanticen la negociabilidad de los valores[155]. Incluso se contempla la posibilidad de que los proveedores de servicios de financiación participativa creen en su sitio web un tablón de anuncios, con el objeto de que sus clientes puedan anunciar su interés en la compraventa de valores negociables que inicialmente fueron ofertados en sus plataformas (art. 25 del Reglamento europeo)[156].

Pues bien, dando por hecho que el inversor pueda llevar a cabo la transmisión de las acciones o participaciones sociales adquiridas en la constitución o sucesivas ampliaciones de capital de la empresa emergente, el art. 38.2 de la Ley del IRPF, objeto de desarrollo por el art. 41.2 del Reglamento del impuesto, regula una exención de la renta así obtenida en la medida en que esta, total o parcialmente, sea objeto de reinversión en la adquisición de acciones o participaciones de empresas de nueva o reciente creación[157].

Para que el inversor pueda acceder a este trato de favor será necesario dar cumplimiento a las dos condiciones que conectan este beneficio fiscal con la deducción estatal:

a)   Que hubiese aplicado la deducción estatal (art. 68.1 Ley IRPF) en el momento de la adquisición de las acciones o participaciones sociales[158].

---

[155]   El Reglamento, en su Considerando 13, señala expresamente que, en lo que respecta a la financiación participativa de inversión, «la negociabilidad es una salvaguarda importante para que los inversores puedan desprenderse de su inversión, dado que les brinda la posibilidad de dar salida a su inversión en los mercados de capitales. Por tanto, el presente Reglamento regula y permite los servicios de financiación participativa relacionados con valores negociables. Las participaciones de determinadas sociedades de responsabilidad limitada constituidas con arreglo a la legislación nacional de los Estados miembros también son libremente negociables en los mercados de capitales, por lo que no debe impedirse su inclusión en el ámbito de aplicación del presente Reglamento».

[156]   Las plataformas también pueden incorporar precios de referencia para la compraventa de las acciones o participaciones societarias: «Los proveedores de servicios de financiación participativa que propongan un precio de referencia para la compraventa a que se refiere el apartado 1 del presente artículo deberán informar a sus clientes de que el precio de referencia propuesto no es vinculante y justificar dicho precio de referencia, y deberán hacer públicos los elementos básicos de su metodología de acuerdo con el artículo 19, apartado 6» (art. 25.5 Reglamento europeo).

[157]   La DGT, en este sentido, precisa que las aportaciones que se materialicen en ingresos en la sociedad y que no supongan la adquisición de participaciones sociales no tendrán la consideración de importe reinvertido a efectos de la aplicación de la exención (consulta vinculante V0257-22, de 14 de febrero de 2022).

[158]   Si los contribuyentes no practicaron la deducción estatal en el momento de adquisición de las participaciones sociales, no será posible la aplicación de la exención (consulta vinculante DGT V2071-17, 2 de agosto).

b)   Y que las acciones o participaciones sociales en que se materializa la rein-versión cumplan los requisitos previstos en el art. 68.1 de la Ley[159].

La reinversión deberá realizarse, de una sola vez o sucesivamente, en un período no superior a un año desde la fecha de transmisión de dichos valores.

En la hipótesis de que la reinversión sea inferior a la plusvalía obtenida, la exoneración de gravamen afectará a la parte proporcional. Y, en caso contrario, si la inversión supera el importe de la ganancia, sobre dicho exceso se podrá practicar la deducción de la cuota conforme a lo dispuesto en el art. 68.1 de la Ley del IRPF.

La exención por reinversión no resultará de aplicación en los supuestos si-guientes: a) cuando el contribuyente haya adquirido valores homogéneos en el año anterior o posterior a la transmisión de las acciones o participaciones, la exención no procederá respecto de los valores que como consecuencia de dicha adquisición queden en el patrimonio del contribuyente; y b) cuando las acciones o participa-ciones se transmitan en el entorno familiar: al cónyuge, a cualquier persona unida al contribuyente, en línea recta o colateral, por consanguinidad o afinidad, hasta el segundo grado incluido; y c) cuando los valores se transmitan a una entidad —distinta de la propia entidad cuyas participaciones se transmiten— respecto de la que se produzca, con el contribuyente o cualquiera de las personas anteriormente citadas, alguna de las circunstancias establecidas en el art. 42 del Código de Co-mercio, con independencia de la residencia y de la obligación de formular cuentas anuales consolidadas.

En caso de incumplimiento de las condiciones de reinversión expuestas, el con-tribuyente deberá imputar la parte de la ganancia patrimonial que resulte no exenta al año de su obtención, practicando la correspondiente declaración complementaria con inclusión de los intereses de demora. Dicha autoliquidación se presentará en el periodo que media entre la fecha en que se produzca el incumplimiento y la finalización del plazo reglamentario previsto para el período impositivo en que se produzca el incumplimiento (art. 41.5 del Reglamento del impuesto).

Tampoco en este caso se puede hablar de un tratamiento simétrico para inver-sores personas jurídicas y no residentes. Para los contribuyentes del IS, el impacto fiscal variará en función de las condiciones en las que resulte de aplicación, o no, la exención para corregir la doble imposición y con arreglo a los distintos escenarios previstos en el art. 21 LIS. Tratándose de inversores internacionales, la ganancia patrimonial derivada de la venta de las acciones o participaciones emitidas por enti-dades españolas quedará sometida al IRNR (art. 13), salvo que se trate de residentes

---

[159]   La DGT matiza que la reinversión se puede efectuar en acciones o participaciones de distintas sociedades siempre que todas ellas cumplan con los requisitos previstos en el art. 68.1 de la Ley del IRPF (consulta V0106-21, de 28 de enero de 2021).

en la Unión Europea o en un país del Espacio Económico Europeo que no sea Estado miembro de la Unión Europea, siempre que exista convenio para el intercambio de información en materia tributaria. En este contexto, entrarán en juego los supuestos de exención previstos en el Texto Refundido de la LIRNR (art. 14); por supuesto, de conformidad con los convenios suscritos por el Reino de España para evitar la doble imposición internacional. Para el cálculo de la ganancia patrimonial que, en los términos descritos, pudiera quedar gravada por este impuesto, el Texto Refundido se remite a las reglas previstas en la Ley del IRPF (art. 24), sin que este reenvío contemple la exención por reinversión de la totalidad o parte de la ganancia en acciones o participaciones de las mismas características.

VI. FIDELIZACIÓN DEL TALENTO

Uno de los factores clave del éxito de los proyectos empresariales de base tecnológica o innovadores es la captación y retención de trabajadores altamente cualificados en las fases iniciales de la empresa. El problema, sin embargo, reside en que la productividad de estos trabajadores cualificados no tiene reflejo en el flujo de ingresos generado por el proyecto empresarial. En estas circunstancias, la falta de liquidez de la empresa dificulta la adecuada remuneración de este perfil de trabajadores.

La Ley de *Startups* viene a paliar esta situación con una mejora de la fiscalidad de estos trabajadores en una doble dirección: i) facilitando la retribución mediante la entrega de acciones o participaciones sociales, o bien de opciones de compra sobre tales instrumentos (*stock options*), y ii) ampliando el tratamiento fiscal favorable para quienes adquieren su residencia en España (régimen de impatriados).

Sin perjuicio de lo que se dirá con más detalle en las páginas siguientes, las medidas adoptadas por el legislador distan de ser una respuesta fiscal adecuada ante las singularidades que presenta el factor trabajo en las empresas emergentes.

La Ley 28/2023 se ha limitado a introducir algunos retoques en los impuestos sobre la renta de los trabajadores en la disposición final tercera, pero el tratamiento es insuficiente y no responde a las singularidades de las empresas emergentes ni de sus trabajadores.

Tratándose de plataformas de cuidados, tampoco estas medidas tributarias proporcionan una solución adecuada. El modelo de negocio de estas empresas digitales cambia, pues también en fase temprana precisan de personal con ciertos requisitos educativos y formación profesional adecuada a la especialidad de los servicios ofertados al mercado. Por ejemplo, en algunas plataformas se exigen cualificaciones oficiales en atención sociosanitaria (enfermeras, auxiliares de enfermería, trabajadores sociales, etc.)[160].

---

[160] DIGITAL FUTURE SOCIETY, *Cuidados...*, cit., p. 39.

Las singularidades de estas iniciativas emprendedoras no llegan a tener un reconocimiento explícito en la Ley de *Startups*, con lo que se deja pasar la oportunidad de introducir algunas medidas dirigidas a mejorar la calidad y la estabilidad de los trabajadores, un activo esencial para el funcionamiento de estos modelos de negocio de elevado interés social. Desde este punto de vista, sería conveniente dar carta de naturaleza a las denominadas «empresas de innovación social» como categoría diferenciada de las empresas emergentes o *startups* y, a través de ellas, atender a las particularidades del factor trabajo que, como sucede en los cuidados a mayores, caracteriza a estas entidades. Se trata de un vacío normativo que debería ser repensado de cara a futuras reformas.

1. Retribuciones a los trabajadores mediante instrumentos de patrimonio de la sociedad

Los rendimientos del trabajo, como es sabido, constituyen uno de los elementos que integran la base imponible del IRPF. La Ley del impuesto, en su art. 17.1, incorpora una definición en términos muy amplios, integrando en esta categoría de renta «todas las contraprestaciones o utilidades, cualquiera que sea su denominación o naturaleza, dinerarias o en especie, que deriven directa o indirectamente, del trabajo personal o de la relación laboral o estatutaria y no tengan el carácter de rendimientos de actividades económicas».

La posibilidad de percibir rentas en especie como parte del salario suele venir contemplada en el convenio colectivo, o bien, por el contrario, en el contrato de trabajo. A este componente retributivo dedica la Ley del IRPF los arts. 42[161] y 43, objeto de desarrollo en los art. 43 a 48 bis del RIRPF. Entre las variadas fórmulas retributivas que puede utilizar el empresario, cabe la posibilidad de que se retribuya a los trabajadores con la entrega gratuita de acciones o participaciones por parte de la sociedad, así como con la entrega gratuita de derechos de opción de compra sobre acciones o participaciones sociales (*stock options*).

La concesión gratuita de estas opciones de compra permitirá a sus perceptores la adquisición futura, en una fecha concreta, de un número de acciones o participaciones a un precio determinado, previamente acordado entre las partes, normalmente inferior a mercado (incluso de forma gratuita). El ejercicio de las opciones podrá aflorar un rendimiento para el trabajador, mientras tanto la concesión de las *stock options* no tiene incidencia alguna en la imposición sobre la renta del trabajador.

---

[161] El art. 42.1 de la Ley IRPF define las rentas en especie como «la utilización, consumo u obtención, para fines particulares, de bienes, derechos o servicios de forma gratuita o por precio inferior al normal de mercado, aun cuando no supongan un gasto real para quien las conceda».

Estos instrumentos retributivos pueden resultar atractivos para las empresas emergentes porque permiten que el trabajo cualificado, lejos de ser un gasto en su cuenta de resultados, se convierta en capital. Es decir, en una vía de financiación propia, con la ventaja añadida de que favorece la fidelización de un concreto perfil de trabajadores con el proyecto emprendedor. La lectura es distinta desde el punto de vista del trabajador, puesto que la entrega de acciones o participaciones, o de opciones de compra sobre estas, significa una retribución diferida y, adicionalmente, implica asumir el riesgo del proyecto empresarial.

La Ley de *Startups* pretende relanzar estos instrumentos retributivos en el ámbito de las empresas emergentes mejorando el régimen jurídico ya existente en la Ley IRPF para estos complementos retributivos en una doble dirección: i) elevando la cuantía de la exención parcial establecida para estos rendimientos en especie, y ii) y difiriendo la tributación para el exceso.

Adicionalmente, se introduce una regla de valoración de las acciones o participaciones societarias que servirá para los diversos escenarios futuros que se puedan plantear en el impuesto personal del trabajador: i) cuando se produzca la pérdida de la exención por incumplimiento de algún requisito, ii) cuando se haga efectiva la renta diferida, o iii) cuando se produzca una transmisión de las acciones o participaciones.

En igualdad de condiciones, estas medidas se extienden al ámbito del IRNR, para aquellos casos en que estos instrumentos retributivos tengan como destinatarios a trabajadores no residentes. La disposición adicional segunda de la Ley de *Startups* da nueva redacción al art. 14.1 del Texto Refundido de la Ley del IRNR para dejar claro que estarán exentos de dicho impuesto los rendimientos del trabajo en especie (tanto la entrega de acciones y participaciones sociales como opciones sobre acciones o participaciones sociales) que lo estén en el IRPF.

1.1. *Régimen de exención parcial*

En términos generales, el art. 43.2 de la Ley del IRPF contempla una exención para la entrega a los «trabajadores en activo» de acciones o participaciones de la propia empresa o de otras de un mismo grupo con carácter gratuito o por precio inferior a mercado, si bien el efecto exonerador es limitado porque tan solo se extiende a la parte que no exceda de 12.000 euros anuales por trabajador.

Para disfrutar de este este trato de favor, será necesario que concurran los siguientes requisitos:

— Que las acciones o participaciones se ofrezcan en idénticas condiciones a todos los trabajadores de la empresa, grupo o subgrupo de dicha entidad[162].

---

[162] El art. 43 RIRPF desarrolla los requisitos y condiciones que han de concurrir. En concreto, para entender que la oferta se realiza en las mismas condiciones para todos los trabajadores, establece

— Que se mantengan, al menos, durante 3 años.
— Que la participación no supere el 5%[163].

En el caso de que se incumpla alguno de estos requisitos, el contribuyente tendrá que presentar una autoliquidación complementaria, con los correspondientes intereses de demora, en el plazo que medie entre la fecha en que se produzca el incumplimiento y la finalización del plazo reglamentario de declaración correspondiente al período impositivo en que se produzca dicho incumplimiento (art. 43.2 *in fine* Reglamento IRPF).

Pues bien, la principal novedad introducida por la Ley 28/2023 para empresas emergentes consiste en la mejora del tratamiento fiscal expuesto mediante una elevación del límite de la exención hasta 50.000 euros; y, adicionalmente, se incorporan algunos matices relacionados con otros aspectos que facilitan el acceso a este beneficio fiscal.

Uno de esos retoques permite prescindir de la exigencia de que estos complementos retributivos se configuren como planes ofertados a la totalidad de los trabajadores. Para las empresas emergentes, bastará con que se desarrollen dentro de la política general de la empresa y contribuyan a la participación de los trabajadores en esta última. Una medida discutible en términos de justicia tributaria, porque puede provocar situaciones discriminatorias entre trabajadores igualmente cualificados.

Asimismo, se especifica que, a efectos de la aplicación de la exención, los requisitos para ser considerada empresa emergente vendrán referidos al momento de la concesión de los derechos de opción de compra sobre acciones o participaciones en el capital de la entidad. También en ese momento tendrá que encontrarse en activo el trabajador.

Cumplidos los requisitos y condiciones fijados por la norma, la entrega a los trabajadores de derechos de opción de compra sobre las acciones o participaciones societarias (*stock options*) conllevará para los beneficiarios la espera hasta que se

---

que «en el caso de grupos o subgrupos de sociedades, el citado requisito deberá cumplirse en la sociedad a la que preste servicios el trabajador al que le entreguen las acciones. Y, asimismo, que «no se entenderá incumplido este requisito cuando para recibir las acciones o participaciones se exija a los trabajadores una antigüedad mínima, que deberá ser la misma para todos ellos, o que sean contribuyentes por este impuesto». Sobre la interpretación de est requisito se puede ver la respuesta dada por la DGT en la consulta vinculante V0221-23, 13 de febrero de 2023, en la que rechaza la exención porque el plan de retribución no se ofrece en idénticas condiciones a los empleados, sino que se limita la compra de participaciones por un precio inferior al de mercado en atención al salario bruto del trabajador (p.ej., un límite del 10% si el salario bruto anual está comprendido entre 14.000 y 20.000 euros, un límite del 15% si el salario está entre 20.000 y 40.000 euros y un límite del 25% si es superior a 40.000 euros).

[163]   Precisa el art. 43 RIRPF que se exigirá que los trabajadores, conjuntamente con sus cónyuges o familiares hasta el segundo grado no tengan una participación, directa o indirecta, superior al 5% en la sociedad en la que prestan sus servicios.

pueda ejercitar la opción; llegado ese momento, tendrán que ejercitar la opción, lo que puede quedar condicionado a un desembolso (a veces, simbólico) si así se hubiese estipulado; y, tras un tiempo de espera, se abrirá la posibilidad de acometer la recuperación de lo satisfecho, tal vez revalorizado, mediante la venta de las acciones o participaciones sociales adquiridas.

En este largo proceso, el ejercicio de la opción implicará la imputación de una retribución en especie por la diferencia entre el precio al que se ejercita la opción y el valor de mercado que tales acciones tengan en el momento en el que se realiza la operación[164]. Esta renta quedará exenta hasta el límite de 50.000 euros.

Pese a la mejora que representa la ampliación de la cuantía de la exención, el itinerario descrito resta atractivo a estas fórmulas retributivas. De hecho, es práctica extendida que este perfil de trabajadores vea mejoradas sus retribuciones salariales con bonus o complementos que, sin implicar la entrada en el capital social, se vinculan a la evolución que tengan las acciones en el mercado (*stock appreciation rights* – SARs— o *phantom shares*)[165].

1.2. *Diferimiento del efecto impositivo de la renta en especie no exenta*

Los rendimientos en especie derivados de la entrega de acciones o participaciones de una empresa emergente que queden sometidos a imposición por superar el umbral de la exención (50.000 euros) se imputarán en el período impositivo en el que concurra alguna de las siguientes circunstancias (art. 14.2.m) Ley IRPF):

a) Que el capital de la sociedad sea objeto de admisión a negociación en bolsa de valores o en cualquier sistema multilateral de negociación, español o extranjero.

b) Que se produzca la salida del patrimonio del contribuyente de la acción o participación.

No obstante, si desde la entrega de las acciones o participaciones hubiese transcurrido el plazo de 10 años, el contribuyente tendrá que imputar los rendimientos en el período impositivo en el que se haya cumplido el referido plazo.

La ventaja derivada de este diferimiento del efecto impositivo sobre la renta en especie percibida por estos trabajadores en activo resulta mitigada como consecuencia de la progresividad del impuesto sobre las rentas del trabajo. Téngase en cuenta que la renta obtenida se imputará a la parte general de la base imponible (como rendimientos del trabajo), quedado gravada con arreglo a la escala general del impuesto, esto es, sometida a tipos marginales más elevados que los de la escala del

---

[164] Consulta vinculante V2463-21, 29 de septiembre de 2021.
[165] MARTÍN MOLINA, Pedro Bautista, «Estudio de las medidas tributarias relativas a la Ley de las startups», *Rev. Española de Capital Riesgo*, n. 2-3/2002, p. 74.

ahorro[166]. Bien es cierto que el impacto de la progresividad resultará atenuado en el caso de la entrega de acciones o participaciones derivada del ejercicio de opciones de compra, pues si entre la fecha en que se entregan al trabajador y la de su ejercicio se han superado dos años, en tales circunstancias la parte no exenta por superar los 50.000 euros se reducirá en un 30% con arreglo a lo previsto en el art. 18 de la Ley del IRPF[167], con el límite de 300.000 euros anuales.

No hay que olvidar que, tratándose de un rendimiento del trabajo en especie, habrá que practicar el correspondiente ingreso a cuenta, salvo que se repercuta al trabajador de conformidad con lo establecido en el art. 43.2 LIRPF[168].

1.3. *El valor de las acciones o participaciones sociales entregadas a los particulares*

A efectos de determinar el valor de las acciones o participaciones entregadas a los trabajadores, la Ley de *Startups* ha introducido una regla de valoración específica en el art. 43.1.1.º de la Ley IRPF. El precepto dispone que, con carácter general, las rentas en especie se valorarán por su «valor normal de mercado», con ciertas especialidades. En concreto, en lo que aquí interesa, la letra g) establece que:

— Se tomará el valor que correspondería a dichas acciones o participaciones en caso de ser suscritas por un tercero independiente en la última ampliación de capital realizada en el año anterior a aquel en el que se entreguen las acciones o participaciones sociales.

— Y, de no producirse tal ampliación de capital, se valorará por el *valor de mercado* que tuvieran en el momento de la entrega al trabajador.

El primer criterio puede ser aprovechado en aquellas empresas que se van financiando mediante sucesivas rondas de financiación a través de plataformas de *equity crodwfunding*, pues van dirigidas a un mercado de inversores minoritarios que responde al requerimiento de terceros independientes demandado por la norma.

En otras circunstancias, habrá que atender al valor de mercado en el momento de la entrega de las acciones o participaciones. Un criterio que introduce un factor

---

[166]   En el caso de la escala general para 2023, los tipos se sitúan entre el mínimo del 19% y el máximo de 47% (a partir de 300.000 euros de base liquidable), aunque puede variar por la aplicación de la escala autonómica que corresponda (arts. 63 y 74 LIRPF). Para la escala del ahorro tiene como tipo máximo el 28% (art. 66 LIRPF).

[167]   El art. 20 de la Ley IRPF añade que, para poder aplicar la reducción del 30% por el rendimiento irregular, el trabajador no debe haber obtenido otros rendimientos del trabajo con período de generación superior a dos años a los que hubiera aplicado la reducción en los 5 períodos impositivos anteriores a aquel en que se ejercite la opción.

[168]   Precepto que responde al siguiente tenor literal: «En los casos de rentas en especie, su valoración se realizará según las normas contenidas en esta Ley. A dicho valor se adicionará el ingreso a cuenta, salvo que su importe hubiera sido repercutido al perceptor de la renta».

de incertidumbre que, más que incentivar la utilización de esta fórmula retributiva, conduce a lo contrario.

Ante los problemas prácticos que se derivan de esta remisión al valor de mercado, se ha dicho[169] que la falta de precisión del legislador en este punto podría solventarse acudiendo a la regla de valoración prevista a efectos de determinar la ganancia o pérdida patrimonial resultante de la transmisión a título oneroso de valores no admitidos a negociación en el art. 37.1.b) Ley IRPF. Con arreglo a dicho precepto, el contribuyente podrá tomar como valor de transmisión el importe efectivamente satisfecho, siempre que acredite que se corresponde con el que se habría convenido entre partes independientes en condiciones normales de mercado.

En caso de que no pueda ser acreditada tal correspondencia con arreglo a los medios de prueba admitidos en derecho, el valor de transmisión será como mínimo el mayor de los siguientes:

— El valor del patrimonio neto que corresponda a los valores transmitidos resultante del balance correspondiente al último ejercicio cerrado con anterioridad a la fecha del devengo del Impuesto.
— El que resulte de capitalizar al tipo del 20 por ciento el promedio de los resultados de los tres ejercicios sociales cerrados con anterioridad a la fecha del devengo del Impuesto. A este último efecto, se computarán como beneficios los dividendos distribuidos y las asignaciones a reservas, excluidas las de regularización o de actualización de balances.

Estas dos formas de cálculo operan sobre las magnitudes contables de la empresa cuyos títulos han de valorarse: una, basada en el valor patrimonial, y la otra, en la rentabilidad. Ahora bien, de admitirse esta regla de valoración como un criterio razonable para determinar el valor de las acciones o participaciones entregadas por una empresa emergente, podría darse el caso de que la entidad, por ser de reciente creación, no contara con los tres ejercicios contables cerrados necesarios para la capitalización en el momento de la entrega. En este punto, la incógnita ha sido despejada por el TEAC que, en su resolución de 26 de abril de 2022 (RG 7287/2021), ha unificado criterio en relación con la aplicación de este precepto a empresas que llevan operando menos de tres años, entendiendo que en tales circunstancias la valoración deberá determinarse con arreglo a la fórmula que atiende al patrimonio neto que corresponda a los valores según el último balance cerrado.

Otra posibilidad es que, por valor de mercado de las acciones o participaciones entregadas al trabajador, se tome el que venga determinado en el plan de retribución aprobado por la junta general de la empresa emergente con arreglo a lo previsto en el art. 10 de la Ley de *Startups*. Dicho precepto establece que este órgano social

---

[169]   VV. AA, *Aspectos clave…*, *op. cit.*, p. 39.

podrá autorizar la adquisición de participaciones propias, hasta el 20% del capital como máximo, para su entrega a los administradores, empleados u otros colaboradores de la empresa, con la exclusiva finalidad de ejecutar un plan de retribución. Este sistema de retribución deberá estar previsto en los estatutos y aprobado en la junta general, mediante acuerdo que incluirá el número máximo de participaciones que se podrán asignar cada ejercicio a dicho sistema, así como el «valor de las participaciones que se tome como referencia» y el plazo de duración del plan.

1.4. *La eventual ganancia patrimonial*

Llegado el momento de la transmisión de las acciones o participaciones por parte del trabajador (transcurridos los tres años de mantenimiento desde que se produjo su entrega por el empleador o, en su caso, tras ejercitar la opción de compra), la posterior venta de aquellas superado el plazo mencionado, podrá generar una ganancia o pérdida patrimonial para su titular.

La ganancia o pérdida patrimonial resultará de la diferencia entre el valor de transmisión de las acciones o participaciones —determinado según la regla de valoración prevista en el art. 37.1.b) de la Ley del IRPF—[170], y su valor de adquisición.

En el caso del ejercicio de derechos de opción sobre acciones o participaciones de la sociedad emergente, para determinar el valor de adquisición, se tendrá en cuenta lo satisfecho por el trabajador al adquirir las acciones o participaciones sociales y, si este fuera inferior al de mercado, se adicionará el importe imputado como retribución en especie.

La renta así obtenida se imputará en la base imponible del ahorro y, en este caso, resultará sometida a la progresividad más atenuada de la escala del ahorro (con tipos marginales entre el 19% y el 28%).

2. Régimen especial para trabajadores desplazados a España (impatriados)

Siguiendo la inercia de otras jurisdicciones fiscales, nuestro legislador tributario se muestra proclive al establecimiento de regímenes preferenciales para atraer a determinados contribuyentes no residentes a nuestro territorio. Una práctica que genera una competencia fiscal internacional por la captación de talento nada deseable, pues no deja de ser una legalización de una discriminación que no encuentra encaje en los principios de justicia tributaria.

Lejos de erradicar estas prácticas, la Ley de *Startups* profundiza en esta línea para atraer trabajadores altamente cualificados[171] que contribuyan a desarrollar y

---

[170]   Consulta vinculante V3278-2020, de 4 de noviembre de 2020.

[171]   El art. 113 del Reglamento del IRPF dispone que se entenderá por profesionales altamente cualificados a aquellos profesionales que cuenten con la titulación a la que se refiere el art. 71 de la Ley

fortalecer el ecosistema de emprendimiento innovador en nuestro país. Con tal fin se revisa el régimen al que podrían optar los llamados «nómadas digitales», esto es, trabajadores desplazados a territorio español desde otro Estado. Nótese que también esta medida se convierte en un aliciente para el retorno a nuestro país de capital humano emigrado.

La disposición final tercera, en su apartado cinco, da nueva redacción al régimen especial regulado en el art. 93 de la Ley del IRPF, por el que se permite a los trabajadores, profesionales, emprendedores e inversores desplazados a territorio español la opción por tributar por el Impuesto sobre la Renta de No Residentes (IRNR), sin perjuicio de que mantengan su condición de contribuyentes por el IRPF[172].

2.1. *Contenido y requisitos*

Este régimen especial excepciona temporalmente el impacto del IRPF, evitando la imposición sobre la renta global del contribuyente residente con arreglo a los tipos de gravamen progresivos de dicho impuesto. En esencia, los contribuyentes que adquieran la residencia fiscal en España podrán tributar por las rentas aquí obtenidas, concretamente por los rendimientos del trabajo y/o los rendimientos de actividades económicas calificadas como una actividad emprendedora, con arreglo al IRNR. Esta opción fiscal implica que la base liquidable generada por tales componentes de renta sea gravada con un tipo impositivo del 24% hasta 600.000 euros, alcanzando el 47% una vez superado dicho umbral (art. 93.2 LIRPF). Un gravamen más bajo que el que resultaría de aplicar a estas rentas la progresividad de la escala general del Impuesto.

Este tratamiento fiscal más benévolo se prolongará durante seis años: el período impositivo en el que adquiere la residencia y los cinco siguientes.

Para disfrutar de este régimen fiscal se requiere, en primer lugar, que estas personas físicas no hayan tenido la condición de residentes en territorio español en los cinco períodos impositivos anteriores al desplazamiento. Y, en segundo lugar, que dicho desplazamiento venga motivado por alguna de las siguientes circunstancias: i) un contrato de trabajo, excluida la relación laboral de los deportistas; ii) el nom-

---

14/2013 con carácter previo a su desplazamiento a territorio español. Por tanto, tendrán tal consideración aquellos trabajadores que acrediten «una cualificación derivada de una formación de enseñanza superior de duración mínima de tres años y equivalente al menos al Nivel 2 del Marco Español de Cualificaciones para la Educación Superior, correspondiente con el nivel 6 del Marco Español de Cualificaciones para el Aprendizaje Permanente y mismo nivel del Marco Europeo de Cualificaciones (EQF), o acrediten un mínimo de cinco años de conocimientos, capacidades y competencias avalados por una experiencia profesional que pueda considerarse equiparable a dicha cualificación y que sea pertinente para la profesión o sector especificado en el contrato de trabajo o en la oferta firme de empleo».

[172] Cabe señalar que esta opción por la tributación en el IRNR conllevará que la persona física quede sujeta por obligación real al Impuesto sobre el Patrimonio.

bramiento como administrador de una sociedad; iii) la realización de una actividad emprendedora en España, entendiendo por tal aquella que sea innovadora y/o tenga especial interés económico para España y cuente con un informe favorable emitido por ENISA en los términos establecidos en el art. 70 de la Ley 14/2013, de 27 de septiembre, de apoyo a los emprendedores y su internacionalización[173]; iv) la prestación de servicios a empresas emergentes por parte de un profesional altamente cualificado, y v) personas que realicen actividades de formación, investigación, desarrollo e innovación.

Si la presencia en España trae causa de un contrato de trabajo[174], deberá concurrir alguna de las siguientes situaciones:

— Que se inicie una relación laboral ordinaria o especial, o bien estatutaria, con un empleador en España[175].

— Que el desplazamiento sea ordenado por el empleador y exista una carta de desplazamiento de este empleador.

— Que, sin ser ordenado por el empleador, la actividad laboral se preste a distancia, mediante el uso exclusivo de medios y sistemas informáticos, telemáticos y de telecomunicación (teletrabajo).

— Que cuente con el visado para teletrabajo de carácter internacional previsto en la Ley 14/2013, de 27 de septiembre, de apoyo a los emprendedores y su internacionalización.

El trato de favor se extiende, como consecuencia de esta nueva regulación, a personas del entorno del trabajador: el cónyuge del contribuyente y sus hijos menores de 25 años, o cualquiera que sea la edad en caso de discapacidad; especificando que, cuando no exista vínculo matrimonial, podrá aplicarse la opción al progenitor de los hijos.

En estos casos, la Ley exige que los familiares cumplan las siguientes condiciones:

— Que se desplacen al territorio español con el contribuyente principal que se traslada.

---

[173] Desarrollado por el art. 113 del Reglamento del IRPF en la redacción dada por el RD 1008/2023, de 5 de diciembre.

[174] La situación se puede ilustrar con el caso planteado en la consulta DGT V1499-23, de 1 de junio de 2023. Se trata de una persona, nacional y residente fiscal de Sudáfrica, a la que le plantean la posibilidad de participar, bajo contrato laboral como «Investment Manager», en un proyecto empresarial en España, el cual se llevará a cabo mediante una sociedad de responsabilidad limitada de nueva creación. El accionista mayoritario de dicha sociedad española será una persona jurídica extranjera y la actividad principal de la sociedad consistirá en la búsqueda, negociación, ejecución y gestión de oportunidades de inversión en empresas emergentes.

[175] El artículo 93.1.b).1.º de la LIRPF exige que el desplazamiento a territorio español se produzca como consecuencia de «un contrato de trabajo, con excepción de la relación laboral especial de los deportistas profesionales regulada por el Real Decreto 1006/1985, de 26 de junio.

— Que, si el desplazamiento es posterior, este tenga lugar durante el primer año de residencia del contribuyente, es decir, durante el primer período impositivo en el que resulte de aplicación el régimen especial.

— Que adquieran la residencia fiscal en España como consecuencia del desplazamiento a territorio español.

— Que no hayan residido en España en los cinco años anteriores.

— Que no obtengan rendimientos en España a través de establecimiento permanente.

— Que la suma de las rentas de ahorro de los contribuyentes en cada uno de los períodos impositivos en que se aplique el régimen especial sea inferior a la base liquidable del contribuyente principal.

2.2. *Ejercicio de la opción, renuncia y supuestos de exclusión*

A efectos de la aplicación del régimen especial, el Reglamento del IRPF (arts.116 a 119) concreta los aspectos relativos al ejercicio de la opción, la renuncia y exclusión del régimen.

El disfrute del régimen especial requiere que el interesado realice una comunicación a la Administración tributaria (modelo 149)[176] en el plazo máximo de 6 meses desde la fecha de inicio de actividad que conste en el alta en la Seguridad Social en España o en la documentación que le permita, en su caso, el mantenimiento de la legislación de Seguridad Social de origen.

Junto al modelo normalizado de la citada comunicación, será necesario adjuntar la siguiente documentación:

a) Cuando inicie una relación laboral, ordinaria o especial, o estatutaria con un empleador en España, un documento justificativo emitido por el empleador en el que se identifique la relación laboral o estatutaria con el contribuyente, la fecha de inicio de la actividad que conste en el alta a la Seguridad Social en España, el centro de trabajo y su dirección, así como la duración del contrato de trabajo.

b) Si se trata de un desplazamiento ordenado por el empleador, la carta de desplazamiento del empleador, así como un documento justificativo emitido por ente en el que se exprese la fecha de inicio de la actividad que conste en el alta de la Seguridad Social en España o en la documentación que permita, en su caso, el mantenimiento de la Seguridad Social de origen, el centro de trabajo y su dirección, así como la duración de la orden de desplazamiento.

---

[176] Orden HFP/1338/2023, de 13 de diciembre.

c) Para el caso de que el desplazamiento sea como consecuencia de la adquisición de la condición de administrador de una entidad, un documento justificativo emitido por esta en el que se exprese la fecha de la adquisición de la condición de administrador y que la participación del contribuyente en la entidad no determina la condición de entidad vinculada en los términos previstos en el art. 18 LIS.

La Administración tributaria, a la vista de la comunicación presentada, expedirá al contribuyente, en el plazo máximo de los 10 días hábiles siguientes a dicha presentación, si procede, un certificado en el que conste que el contribuyente ha optado por el régimen especial.

Dicho documento servirá para justificar, ante las personas o entidades obligadas a practicar retención o ingreso a cuenta, su condición de contribuyente por este régimen especial.

Una vez concluida la estancia en territorio español sin perder la residencia fiscal en España en dicho ejercicio, deberá comunicar dichas circunstancias a la Administración en el plazo de un mes desde que hubiera finalizado su desplazamiento a territorio español.

En cualquier caso, los contribuyentes pueden renunciar a la aplicación del régimen durante los meses de noviembre y diciembre anteriores al inicio del año natural en que la renuncia haya de surtir efectos.

Si con posterioridad al ejercicio de la opción, se produce el incumplimiento de alguna de las condiciones determinantes de su aplicación, el contribuyente quedará excluido de dicho régimen en el período impositivo en el que se produzca dicha circunstancia.

Esta situación deberá ser comunicada a la Administración competente en el plazo de un mes desde el incumplimiento de las condiciones, trasladando copia a su retenedor.

La aplicación del régimen de impatriados, a pesar de lo detallado y farragoso que puede resultar, deja algunos aspectos en el aire, cual sucede con las circunstancias que pueden derivarse de la pérdida del trabajo o cargo directivo. Piénsese por ejemplo en un contribuyente que se quedara sin empleo temporalmente y, permaneciendo en España, consiguiera un nuevo trabajo con una empresa distinta; o bien en la hipótesis de un administrador de sociedad que fuese cesado en el cargo y pasara a ser contratado como personal directivo en otra entidad. Los escenarios pueden ser variados y no son ajenos a las empresas emergentes donde, precisamente, existe un elevado riesgo de fracaso.

La incertidumbre ha sido despejada por la Dirección General de Tributos al admitir la continuidad del régimen especial en estos casos, reiterando[177] así el cri-

---

[177] Consultas V1034-23, 26 de abril de 2023, y V1949-23, de 6 de julio de 2023-

terio expresado en la consulta V2652-17, de fecha 18 de octubre de 2017, relativa a un contribuyente que, habiendo optado por el régimen especial para trabajadores desplazados a territorio español, pierde el empleo, pasando a la situación legal de desempleo. Para el órgano consultivo resulta relevante la permanencia del trabajador en nuestro país y que siga generando rentas en España. Y, en este sentido, argumenta que, «si bien es cierto que una interpretación estricta de la normativa anterior conduciría a excluir de la aplicación del régimen a aquellos contribuyentes que por encontrarse en situación de desempleo o inactividad dejan de realizar dichos trabajos, aunque sea de forma transitoria durante períodos de tiempo irrelevantes, debe tenerse presente que la finalidad del régimen es atraer a España a los sujetos comprendidos en la aplicación del régimen y que dicha finalidad en modo alguno resulta incompatible con el hecho de que una vez concluida la relación laboral que motivó, de forma real y efectiva, el desplazamiento por causas ajenas a la voluntad del contribuyente, este permanezca un breve período de tiempo en situación de desempleo o inactividad y a continuación comience una nueva relación laboral en la que se cumplan asimismo los requisitos establecidos en el artículo 93 de la LIRPF».

VII. EL IVA DE LA PRESTACIÓN DE SERVICIOS DE CUIDADOS A TRAVÉS DE PLATAFORMAS

El sector de los cuidados a mayores ha permanecido tradicionalmente en una «zona de sombra», reconducido al entorno familiar; y, cuando se ha externalizado, lo ha hecho en el ámbito de la economía sumergida. Esta situación viene siendo tolerada por los poderes públicos debido a su mínima repercusión sobre el volumen total de la recaudación.

Si se repara en el IVA, cuyo objeto es el gravamen de las entregas de bienes y servicios realizadas por los empresarios y profesionales en el ámbito espacial del impuesto (península y Baleares), se puede concluir que los cuidados informales, prestados por familiares, por amistad o benevolencia, resultan irrelevantes. También quedan fuera de su objeto los trabajos realizados por empleados de hogar y por los cuidadores contratados por una plataforma, con independencia de cuál sea la situación a efectos de las normas laborales y de la Seguridad Social[178].

---

[178] Lo normal es que el cuidador sea una mujer que, interna o por horas, asume las tareas de apoyo a las necesidades de las personas con dependencia. En ocasiones, esa relación será formalizada causando alta en la Seguridad Social bajo el régimen especial de los empleados del hogar (art. 2.1.b) Estatuto de los Trabajadores y RD 1620/2011, de 14 de noviembre). Téngase en cuenta que el objeto de esta relación laboral se concibe en términos muy amplios; según el art. 1.4 del RD 1620/2011, comprende «los servicios o actividades prestados para el hogar, pudiendo revestir cualquiera de las modalidades de las tareas domésticas, así como la dirección o cuidado del hogar en su conjunto o de algunas de sus partes, el cuidado o atención de los miembros de la familia o de las personas que forman parte del ámbito do-

En efecto, el art. 7 de la Ley del IVA, entre las operaciones no sujetas, menciona expresamente «los servicios prestados por personas físicas en régimen de dependencia derivado de relaciones administrativas o laborales, incluidas en estas últimas la de carácter especial» (ap. 5.º). Quedan igualmente fuera del IVA los servicios prestados a las cooperativas de trabajo asociado por los socios de las mismas y los prestados a las demás cooperativas por sus socios de trabajo (ap. 6.º).

La no sujeción de los servicios de cuidados prestados directamente por empleadas del hogar implica un abaratamiento del precio de estos servicios para los usuarios[179]. Esta particularidad es un factor a tener en cuenta, y que puede ser aprovechado por los negocios de plataforma. Piénsese, por ejemplo, en las plataformas que carecen de una plantilla propia y se limitan a crear un mercado electrónico, poniendo en contacto a la empleada de hogar con el destinatario de los cuidados, sin perjuicio de que este servicio pueda ser complementado con otros encaminados a la asistencia en la formalización del contrato y el alta en el régimen correspondiente en la Seguridad Social.

Igualmente, cabe la posibilidad de que, como alternativa a una posible contratación directa de los cuidadores por parte de las entidades dedicadas a la prestación de servicios domésticos y asistenciales, se articulen contratos de colaboración entre los empleados de hogar y la empresa, con objeto de que dicha entidad asuma la gestión de la relación comercial con terceros, cobrando al cliente el precio final conjunto, en el que quedarán integrados los honorarios del profesional independiente y los de la empresa. A esta fórmula de colaboración se refiere la consulta vinculante V0015-10, de 18 de enero de 2010[180]. Para la DGT, los servicios de carácter doméstico presta-

---

méstico o familiar, y otros trabajos que se desarrollen formando parte del conjunto de tareas domésticas, tales como los de guardería, jardinería, conducción de vehículos y otros análogos». Quedan fuera de este régimen, y se rigen por la normativa laboral común, las relaciones que se enumeran en el art. 2 de la norma reglamentaria, a saber: i) las concertadas por personas jurídicas, de carácter civil o mercantil; ii) las concertadas a través de empresas de trabajo temporal de conformidad con lo establecido en la Ley 14/1994, de 1 de junio, por la que se regulan las empresas de trabajo temporal; y iii) los cuidadores profesionales contratados por instituciones públicas o por entidades privadas en el marco de la LAPAD. Tampoco tienen la consideración de relación laboral especial las relaciones concertadas entre familiares cuando quien presta los servicios domésticos no tenga la condición de asalariado de conformidad con el art. 1.3.e) del Estatuto de Trabajadores, ni los trabajos realizados a título de amistad, benevolencia o buena vecindad.

[179] A ello se une que algunas CCAA han incorporado al catálogo de deducciones autonómicas del IRPF minoraciones de la cuota por la contratación, para el cuidado de mayores, de una o varias personas por el Sistema Especial de Empleados de Hogar del Régimen General de la Seguridad. Tal es el caso de la deducción por conciliación aplicable a partir de 1 de enero de 2024 por los contribuyentes de este impuesto residentes en la Región de Murcia (Ley 4/2023, de 22 de diciembre, de Presupuestos Generales de la Comunidad Autónoma de la Región de Murcia).

[180] El supuesto de hecho se refiere a una entidad que tiene como actividad principal la prestación de servicios domésticos y asistenciales, tanto de forma directa, con personal propio, como indirecta, a

dos en el marco de la relación laboral especial quedan, en efecto, fuera de la órbita del IVA; y, a su vez, la parte del precio relacionada con los servicios de intermediación y la gestión de cobro que lleva a cabo la entidad, se consideran prestaciones de servicios sujetas y no exentas del IVA.

Tratándose de cuidadores profesionales —excluidos del régimen especial de servicios del hogar—, ya sean considerados como trabajadores por cuenta propia o como asalariados de la entidad que tenga por actividad principal la prestación de servicios asistenciales[181], las prestaciones de servicios realizadas por tales profesionales o por la entidad empleadora quedarán sujetas al IVA con el consiguiente encarecimiento del precio final que ha de satisfacer el usuario.

En lo que se refiere al catálogo de servicios, cabe señalar que las entidades que operan en el mercado de cuidados ofrecen una amplia gama de servicios. En el caso de los servicios de cuidados a mayores, las prestaciones ofrecidas por las plataformas suelen tomar como referencia lo establecido en el art. 15 de la Ley 39/2006, de 14 de diciembre, de Promoción de la Autonomía Personal y Atención a las personas en situación de dependencia (LAPAP), donde se distinguen las siguientes categorías: a) servicios de prevención y de promoción de la autonomía personal; b) servicios de teleasistencia; c) ayuda a domicilio; d) servicios de centro de día y de noche; y d) atención residencial.

Lo normal es que las empresas que colaboran con los entes públicos para hacer efectivos estos servicios asistenciales cuenten con cuidadores profesionales que forman parte de su plantilla, siendo tal entidad la que tendrá que repercutir el IVA que corresponda.

En este contexto, cabe la posibilidad de que unos mismos servicios puedan ser objeto de un tratamiento fiscal dispar. Ello es así porque, en función de las circunstancias concurrentes, y que escapan a la voluntad del destinatario, pueden ser objeto de una exención, o bien pueden quedar sujetos al tipo superreducido del 4% o al tipo reducido del 10%.

De forma resumida, el planteamiento de la Ley del impuesto es que de los servicios recogidos en el art. 15 LAPAD, con la excepción de los servicios de pre-

---

través de la gestión de la relación comercial con terceros. En esta vertiente de su actividad, suscribe un contrato de colaboración con profesionales independientes encargados de realizar los servicios en cuestión, prestándose los mismos bajo la denominación comercial, logotipo e imagen corporativa. En virtud de dicho contrato, se establece que al cliente se le cobrará un precio final conjunto que integrará los honorarios del profesional y la comisión de la entidad. A tal efecto, la empresa se compromete a la gestión del cobro al cliente de los honorarios correspondientes al profesional independiente, así como a su abono. Paralelamente, se firma un contrato con el cliente en cuyo domicilio se prestará el servicio.

[181]   Con independencia de los problemas que genera la huida del Derecho laboral mediante la figura del «falso autónomo».

vención y de promoción de la autonomía personal[182], los restantes (teleasistencia, ayuda a domicilio, servicios de centro de día y de noche y atención residencial) están exentos del IVA cuando tales prestaciones son efectuadas por entidades de Derecho Público o entidades o establecimientos privados de carácter social.

Fuera de estos supuestos, estos mismos servicios quedan sujetos y no exentos del impuesto, y sometidos al tipo impositivo superreducido del 4%, o al reducido de 10%, en función de que tales servicios sean o no concertados, o sean o no sufragados con prestaciones vinculadas a los servicios de dependencia con arreglo a la LAPAD.

Este tratamiento, objeto de un análisis más detallado en los apartados siguientes, presenta disfunciones importantes. En primer lugar, porque solo los servicios prestados por las *entidades declaradas de utilidad pública* podrán ofrecer servicios sin IVA; y, en segundo lugar, porque tampoco convencen los criterios utilizados para delimitar las operaciones sujetas a tipos impositivos diferenciados.

La exención abarata el precio final de los servicios prestados; sin embargo, no satisface a los sujetos pasivos, ni a los potenciales competidores. Nótese que se trata de una exención limitada, lo que impide a los proveedores de servicios recuperar las cuotas de IVA soportado. Este impuesto, como es sabido, tiene un carácter neutral para los sujetos pasivos, basado en la compensación entre las cuotas de IVA soportado por las adquisiciones de bienes y servicios y las cuotas devengadas a los destinatarios de la actividad económica por estos realizada. Esta dinámica, que se mantiene en toda la cadena de producción y distribución de bienes y servicios, resulta excepcionada con las operaciones exentas. En estos casos, el empresario o profesional no tendrá que repercutir el IVA a sus clientes por el efecto de la exención, pero deberá asumir las cuotas de IVA soportadas[183]. Este inconveniente hace que la aplicación de la exención en las operaciones interiores pueda dar lugar a escenarios desfavorables cuando por parte del proveedor de servicios se acometen inversiones o gastos de cuantía elevada.

---

[182]   El art. 21 LAPAD dispone que la prevención y la promoción de la autonomía personal «tiene por finalidad prevenir la aparición o el agravamiento de enfermedades o discapacidades y de sus secuelas, mediante el desarrollo coordinado, entre los servicios sociales y de salud, de actuaciones de promoción de condiciones de vida saludables, programas específicos de carácter preventivo y de rehabilitación dirigidos a las personas mayores y personas con discapacidad y a quienes se ven afectados por procesos de hospitalización complejos».

[183]   La consideración de una operación como exenta conlleva los siguientes efectos: i) que no se efectúe la repercusión del IVA a los destinatarios de los bienes y servicios (art. 94 LIVA; ii) la pérdida del derecho a la deducción de las cuotas de IVA soportado en el ejercicio de la actividad, debiendo aplicar la regla de prorrata en caso de que se desarrollen simultáneamente operaciones sujetas y no exentas (arts. 92 y ss. LIVA); iii) la exención del IVA en caso de la transmisión de los bienes utilizados en el desarrollo de la actividad económica exenta (art. 20.Uno.24.º LIVA); y iv) la no sujeción de las eventuales operaciones de autoconsumo a que se refiere el art. 9.Uno LIVA, dado que el sujeto pasivo no tiene derecho a efectuar la deducción del IVA soportado (art. 7.7.º LIVA).

Planteado desde otro punto de vista, el tratamiento fiscal también genera distorsiones en la competencia, pues la exención supone un obstáculo para aquellos proveedores que no cuentan con el reconocimiento de entidad de carácter social, los cuales, de partida, quedarán en peor situación cuando concurran a concursos públicos, pues ofertarán servicios con precios más elevados (esto es, incluyendo el IVA que corresponda a tales servicios).

Este efecto perverso en la competencia se produce igualmente cuando concurren prestadores de servicios asistenciales que, sujetos y no exentos, deben añadir a la contraprestación un tipo impositivo que, para prestaciones análogas, puede oscilar entre el 4% o el 10% en función de condicionamientos relacionados con el prestador del servicio o la concesión al destinatario de una prestación pública vinculada a los cuidados.

La situación descrita no es un incentivo al emprendimiento social. Y tampoco contribuye a que los servicios de cuidados sean de calidad, asequibles y accesibles.

1. Servicios de asistencia social exentos

El art. 20.Uno.8.º de la Ley del IVA establece una exención para los servicios de asistencia social efectuados por entidades de Derecho Público o entidades o establecimientos privados de carácter social.

El precepto no define lo que se ha de entender por asistencia social, sino que enumera las operaciones siguientes: a) protección de la infancia y de la juventud; b) asistencia a la tercera edad; c) educación especial y asistencia a personas con discapacidad; d) asistencia a minorías étnicas; e) asistencia a refugiados y asilados; f) asistencia a transeúntes; g) asistencia a personas con cargas familiares no compartidas; h) acción social comunitaria y familiar; i) asistencia a exreclusos; j) reinserción social y prevención de la delincuencia; k) asistencia a alcohólicos y toxicómanos; y l) cooperación para el desarrollo[184].

Para todos estos supuestos, la exención se extiende a la prestación de servicios accesorios de alimentación, alojamiento o transporte prestados por dichos establecimientos o entidades, con medios propios o externos. Una mención acorde con la

---

[184] A efectos de la aplicación de esta exención, el informe de la Secretaría General Técnica del Ministerio de Asuntos Sociales, de 23 de junio de 1985, emitido a solicitud de la DGT, precisa que, sobre la base de la normativa estatal y autonómica sobre la materia y la jurisprudencia del Tribunal Constitucional, debe entenderse por asistencia social «el conjunto de acciones y actividades desarrolladas por el Sector Público o personas privadas fuera del marco de la Seguridad Social, destinando medios económicos, personales u organizatorios, a atender, fundamentalmente, estados de necesidad y otras carencias de determinados colectivos (ancianos, menores y jóvenes, minorías étnicas, drogadictos, refugiados y asilados, etc.) u otras personas en estado de necesidad, marginación o riesgo social». Así se recoge, entre otras, en la consulta V0605-13, de 27 de febrero de 2013.

regla general establecida en el art. 9 de la Ley del IVA, según la cual «las actividades accesorias seguirán el mismo régimen que las actividades de las que dependan».

En relación con los cuidados a mayores, «asistencia a la tercera edad», se ha de tener en cuenta que el artículo citado es transposición del art. 132.1.g) de la Directiva 112/2006/CE, que establece la exención de «las prestaciones de servicios y las entregas de bienes directamente relacionadas con la asistencia social y con la Seguridad Social, incluidas las realizadas por las residencias de tercera edad, realizadas por Entidades de Derecho público o por otros organismos a los que el Estado miembro de que se trate reconozca su carácter social».

El objetivo de la norma europea es garantizar un trato más favorable en materia de IVA a determinadas prestaciones de servicios de interés general realizadas por el sector social, reduciendo el coste de estos servicios y haciéndolos más accesibles a los particulares[185].

Con arreglo a esta lógica, en lo que concierne al elemento objetivo de la exención, y dejando a un lado los servicios prestados en el ámbito de las residencias de mayores, los servicios de teleasistencia y de apoyo a domicilio que un operador privado oferta a través de una plataforma digital pueden considerarse subsumidos en el supuesto de exención, en cuanto pueden ser catalogados como servicios de asistencia social. Ahora bien, hay que considerar que la exención queda subordinada a que tales servicios sean prestados por entidades o establecimientos de carácter social.

El art. 132 de la Directiva del IVA no precisa los requisitos y modalidades de reconocimiento del carácter social de los organismos, sino que lo deja en manos de los Estados miembros. Ello significa que, con arreglo a la Ley del IVA, un proveedor de servicios asistenciales podrá ser considerado como «entidad o establecimiento privado de carácter social» cuando cumpla los requisitos establecidos en su art. 20.Tres, cuyo reconocimiento precisa de la solicitud por parte de dicha entidad a la Administración tributaria según lo establecido en el art. 6 del Reglamento del impuesto (Real Decreto 1624/1992, de 29 de diciembre).

Con arreglo al art. 20.Tres de la Ley del IVA, se considerarán entidades o establecimientos de carácter social aquellas que cumplan los siguientes requisitos:

1. Carecer de finalidad lucrativa y dedicar, en su caso, los beneficios eventualmente obtenidos al desarrollo de actividades exentas de idéntica naturaleza.
2. Los cargos de presidente, patrono o representante legal deberán ser gratuitos y carecer de interés en los resultados económicos de la explotación por sí mismos o a través de persona interpuesta.

---

[185]   En este sentido, es reiterada la jurisprudencia del TJUE: entre otras, cabe citar la sentencia de 21 de enero de 2016, asunto C335/14, *Les Jardins de Jouvence SCRL*, ap. 41.

3. Los socios, comuneros o partícipes de las entidades o establecimientos y sus cónyuges o parientes consanguíneos, hasta el segundo grado inclusive, no podrán ser destinatarios principales de las operaciones exentas ni gozar de condiciones especiales en la prestación de los servicios.

La necesaria concurrencia de estos elementos es un campo abierto a la incertidumbre y, por tanto, generador de inseguridad jurídica y litigiosidad[186].

En el caso de los servicios asistenciales ofrecidos a través de las plataformas de cuidados que operan en nuestro país la dificultad es menor, dado que se puede conectar con las actuaciones definidas en el art. 15 de la LAPAP. Ahora bien, el ámbito de los cuidados es mucho más amplio, y algunas actividades de apoyo a los mayores pueden plantear más dudas a la hora de su correcta calificación. El ejemplo viene dado una sentencia del TJUE de 15 de abril de 2021, *EQ*, asunto C-846-19, en la que se cuestiona si pueden ser catalogados como servicios de asistencia social los prestados por un abogado en beneficio de personas mayores de edad incapacitadas legalmente y cuyo objetivo es protegerlas en los actos de la vida civil.

Tal actividad, en términos objetivos, encaja dentro de la asistencia social, pues, aunque la Directiva del IVA no establece una definición para dicho concepto («asistencia social y Seguridad Social»), el Tribunal europeo ha declarado que, en principio, están directamente relacionadas con la asistencia social «las prestaciones de asistencia personal básica y de asistencia en las tareas domésticas realizadas por un servicio de asistencia ambulatoria a personas dependientes física o económicamente» (apartado 62)[187]. Y, desde este punto de vista, considera que los servicios prestados a personas que se encuentran en un estado de dependencia mental y orientados a protegerlas en los actos de la vida civil, son indispensables para protegerlas de los actos que puedan resultarles perjudiciales o que incluso puedan poner en peligro una vida digna[188].

En el caso controvertido, el Derecho luxemburgués contempla varios regímenes que tienen por objeto apoyar a las personas mayores de edad incapacitadas legalmente por alteraciones mentales como consecuencia de enfermedad, dolencia o debilitamiento debido a la edad. De esta manera, el tribunal competente en materia de tutela encomienda a terceros mandatos de gestión y, en su caso, de representación de las personas incapacitadas en lo que respecta a los actos de su vida civil y de la

---

[186] PEDREIRA MENÉNDEZ, José, «Los establecimientos de carácter social y las exenciones del IVA», *Jurisprudencia Tributaria Aranzadi*, n. 7, 2004.

[187] La sentencia citada *supra* se remite a la doctrina sentada en la sentencia de 10 de septiembre de 2002, *Kügler*, C-141/00, ap. 44.

[188] En este sentido, los apartados 64 y 65 de la sentencia se remiten a la de 8 de octubre de 2020, *Finanzamt D*, C-657/19, ap. 31.

gestión de su patrimonio[189]. Tales mandatos pueden encargarse a los miembros de la familia de la persona incapacitada, asistentes sociales, asociaciones sin ánimo de lucro o abogados[190].

Pues bien, aunque las prestaciones puedan quedar subsumidas en el concepto amplio de asistencia social, para que se pueda aplicar la exención será necesario que el prestador del servicio sea considerado como entidad de carácter social. Y, en el caso de los abogados, se plantean dudas por cuanto se trata de servicios remunerados proporcionados por un profesional.

Como se ha dicho, a efectos de la exención en IVA, el cumplimiento del requisito subjetivo exige que el sujeto pasivo carezca de finalidad lucrativa. Lo que, como se dice en el art. 134 de la Directiva del IVA, implica que «los organismos de que se trate no deberán tener por objeto la consecución sistemática de beneficios, no pudiéndose distribuir en ningún caso los posibles beneficios, que deberán destinarse al mantenimiento o a la mejora de las prestaciones suministradas».

En este punto, la jurisprudencia del Tribunal de Justicia europeo ha dejado claro lo siguiente:

— Que la Directiva no precisa los requisitos y modalidad de reconocimiento del carácter social de organismos que no sean entidades de Derecho público. Por tanto, corresponde a los Estados miembros establecer las normas conforme a las cuales puede concederse tal reconocimiento, con arreglo al Derecho de la Unión y bajo el control de los tribunales nacionales.

— Que el hecho de que quien presta los servicios sea una persona física o una entidad con un fin lucrativo no es determinante a efectos del reconocimiento de su carácter social[191].

---

[189]   Se trata de una actividad remunerada que, a efectos del IVA, constituye una prestación de servicios a título oneroso, siendo irrelevante que dicha actividad consista en el desempeño de funciones conferidas y reguladas mediante ley por motivos de interés público. En el caso controvertido, el art. 3 del Reglamento Gran Ducal de 23 de diciembre de 1982, por el que se establecen los requisitos para la designación de un gestor tutelar (*règlement grand-ducal du 23 dècembre 1982 fixant les conditions de désignation d'un gérant de la tutelle*) establece que «el juez competente en materia de tutela podrá asignar al gestor tutelar una remuneración cuyo importe o método de cálculo establecerá mediante resolución motivada, teniendo en cuenta la situación económica del incapacitado».

[190]   En el caso de los abogados, señala la sentencia del TJUE que no podrían ser calificadas como tales prestaciones asistenciales las actuaciones que realizase un abogado fuera de los referidos regímenes de mandatos, cuando se lleven a cabo también actividades más generales de asistencia o asesoramiento jurídico, financiero o de otro tipo, vinculadas con las competencias específicas de un abogado.

[191]   El Tribunal de Justicia ha declarado que el concepto de organismos de carácter social con arreglo al art. 132.1.g) de la Directiva del IVA es suficientemente amplio para incluir también a entidades privadas con ánimo de lucro, incluidas las personas físicas que desarrollan una actividad empresarial, en la medida en que dichas personas constituyen entidades individualizadas que desempeñan un cometido particular (sentencias de 15 de abril de 2021, *EQ*, C-846/19, apartado 73; de 7 de septiembre de 1999,

— Que la forma de explotación elegida por una persona o el hecho de pertenecer a una categoría profesional definida no puede dar lugar, por sí sola, a que se rechace el carácter social de aquella, cuando dicho sujeto acredita la realización de operaciones de carácter social[192].

Con arreglo a lo expuesto, la existencia de ánimo de lucro no basta para que se pueda excluir a una persona o entidad de la aplicación del régimen de exención. Dicho en otras palabras, no se puede equiparar una entidad de carácter social con una entidad no lucrativa.

También en este sentido se han pronunciado los tribunales de nuestro país Y, por ejemplo, la sentencia del Tribunal Supremo de 2 de abril de 2008, rec. 5524/2002, en relación con las cooperativas de trabajo asociado, sostiene que nada impide que una cooperativa de trabajo asociado solicite la declaración de entidad o establecimiento de carácter social conforme a lo prevenido en el art. 20.Tres LIVA, si bien debe demostrar el cumplimiento de los requisitos exigidos en dicho precepto, entre ellos, la circunstancia de «carecer de finalidad lucrativa»[193].

En la misma línea, la sentencia de 19 de noviembre de 2008, rec. 5532/2005, enfatiza que el hecho mismo de que el prestador del servicio asistencial sea una cooperativa no puede ser causa de exclusión a la hora de disfrutar de la exención, pues «la forma jurídica no puede erigirse como elemento constitutivo para el disfrute de las exenciones fiscales en las actividades desarrolladas por la entidad, ya que la Ley no lo regula así y, ante el silencio de la misma, no pueden hacerse interpretaciones restrictivas que no están contenidas ni en su letra ni en su espíritu».

Tampoco es relevante a estos efectos que la entidad haya sido calificada como «cooperativa sin ánimo de lucro», en cumplimiento de los requisitos fijados en la

---

Gregg, C-216/97, apartados 17 y 18; de 17 de junio de 2010, *Comisión*/Francia, C-492/08, apartados 36 y 37, y de 15 de noviembre de 2012, *Zimmermann*, C-174/11, apartado 57).

[192] En este sentido, sostiene el Tribunal de Justicia en la sentencia *EQ* que el hecho de que la categoría profesional de los abogados no pueda caracterizarse, de forma general, por tener carácter social, no excluye que, en un caso concreto, un abogado que preste servicios directamente relacionados con la asistencia social haga prueba de un compromiso social estable (apartado 79).

[193] En su Fundamento de Derecho Quinto, se argumenta que la constitución de una cooperativa, «que supone desde el primer momento la integración de medios personales (socios trabajadores y trabajadores no socios) y materiales, en orden a la realización de una actividad económica o profesional, de producción de bienes o servicios destinados a terceros, con lo que ello conlleva de retribución del capital y trabajo empleados, no significa por sí solo que la entidad persiga un ánimo de lucro y que, en consecuencia, no pueda obtener la calificación». Es más, pueden obtenerse excedentes o beneficios y tampoco esta circunstancia ha de interpretarse como un obstáculo a tal fin, siempre y cuando «los beneficios eventualmente obtenidos se destinen al desarrollo de actividades exentas de idéntica naturaleza». Y, en esta lógica, concluye el Tribunal que, «en cambio, lo que impide la calificación es la existencia de un beneficio excedentario y reparto subsiguiente entre los asociados».

disposición adicional primera de la Ley 27/1999, de 16 de julio, de Cooperativas[194]. A efectos de la exención del IVA, es posible que una cooperativa tenga la calificación de entidad sin ánimo de lucro conforme a su legislación específica, pero ello no significa que tenga la consideración de entidad de carácter social a efectos del IVA, dado que la norma tributaria solo alude a requisitos de carácter material.

Sentadas estas consideraciones, la exención ha de ser reconocida por la Administración tributaria previa solicitud del interesado, en los términos establecidos en el art. 6 del Reglamento. Dicho precepto concreta los aspectos procedimentales, precisando que el reconocimiento del carácter social surtirá efectos respecto de las operaciones cuyo devengo se produzca a partir de la fecha de la solicitud, y quedará condicionada a la subsistencia de los requisitos que hayan fundamentado tal reconocimiento. De no cumplirse los requisitos previstos en el art. 20.Tres LIVA para que el proveedor de servicios pueda ser calificado como entidad o establecimiento privado de carácter social[195], los servicios de asistencia social prestados a la tercera edad a que se refiere el art. 20.Uno.8.ª LIVA constituirán prestaciones sujetas y no exentas del IVA.

2. Servicios de teleasistencia y ayuda a domicilio

En relación con las prestaciones de asistencia o cuidado a los mayores sujetas y no exentas, como ya se ha apuntado, pueden resultar gravadas por el tipo reducido o superreducido en los términos previstos en el art. 91 de la Ley del IVA.

---

[194] Según este mandato, podrán ser calificadas como sociedades cooperativas sin ánimo de lucro las que gestionen servicios de interés colectivo o de titularidad pública, así como las que realicen actividades económicas que conduzcan a la integración laboral de las personas que sufran cualquier clase de exclusión social y en sus Estatutos recojan expresamente: a) que los resultados positivos que se produzcan en un ejercicio no podrán ser distribuidos entre sus socios; b) que las aportaciones de los socios al capital social, tanto obligatorias como voluntarias, no podrán devengar un interés superior al interés legal del dinero, sin perjuicio de la posible actualización de las mismas; c) el carácter gratuito del desempeño de los cargos del Consejo Rector, sin perjuicio de las compensaciones económicas procedentes por los gastos en los que puedan incurrir los consejeros en el desempeño de sus funciones; y d) que las retribuciones de los socios trabajadores o, en su caso, de los socios de trabajo y de los trabajadores por cuenta ajena no podrán superar el 150 por 100 de las retribuciones que en función de la actividad y categoría profesional, establezca el convenio colectivo aplicable al personal asalariado del sector.

[195] El TJUE, en la sentencia de 15 de abril de 2021, *EQ*, asunto C-846/19, ha señalado que el reconocimiento del carácter social de los organismos que no sean entidades de Derecho público corresponde a los Estados: «corresponde al Derecho nacional de cada Estado miembro establecer las normas conforme a las cuales puede concederse dicho reconocimiento a tales organismos y los Estados miembros disponen de una facultad de apreciación al respecto» (ap. 69). Ahora bien, en caso de que el Estado no haya respetado los límites en que se confiere esa facultad de apreciación, el sujeto pasivo podrá invocar la exención prevista en el art. 132.a.g) de la Directiva del IVA para oponerse a una normativa nacional incompatible con dicha disposición. En tales circunstancias, el reconocimiento como organismo de carácter social corresponderá al órgano jurisdiccional nacional (apartados 70, 71 y 88).

El art. 91.2.3.º de la citada Ley ha previsto la aplicación del 4% para las pres-taciones de servicios de teleasistencia y ayuda a domicilio[196] que se correspondan con las definiciones dadas por la LAPAD, siempre que concurra alguna de estas dos condiciones:

1) Que se presten en plazas concertadas en centros o residencias o mediante precios derivados de un concurso administrativo adjudicado a las empresas prestadoras,
2) Que tales servicios sean prestados como consecuencia de una prestación económica vinculada al servicio (PEVS)[197] que cubra más del 10 por ciento de su precio.

En cuanto a la tipología de los servicios a los que resulta de aplicación este tipo superreducido, con arreglo a las definiciones de la LAPAP (arts. 22 y 23), compren-de las siguientes prestaciones:

— Por *servicio de teleasistencia* se ha de entender aquel que facilita la asistencia a los beneficiarios mediante el uso de las tecnologías de la comunicación y de la información, con apoyo de los medios personales necesarios, en respuesta inmediata ante situaciones de emergencia, o de inseguridad, so-ledad y aislamiento. Dicho servicio, como se explicita en la norma sectorial, puede ser configurado como un servicio independiente o complementario al de ayuda a domicilio.
— A su vez, el servicio de *ayuda a domicilio* integra el conjunto de actuaciones llevadas a cabo en el domicilio de las personas en situación de dependen-cia con el fin de atender a sus necesidades de la vida diaria, prestadas por entidades o empresas, acreditadas para esta función. En particular, quedan incluidos los siguientes: a) los servicios relacionados con la *atención perso-nal* en la realización de las actividades de la vida diaria; y b) los servicios relacionados con las *necesidades domésticas* (limpiezas, lavado, cocina u otros). En este caso, la LAPAD establece la prestación conjunta de estos servicios; solo excepcionalmente y de forma justificada, podrán prestarse de forma separada, cuando así se disponga en el Programa Individual de Atención (PIA).

---

[196] Aunque excede del objeto de estudio, también será de aplicación el tipo reducido del IVA para los servicios de centro de día o de noche, así como de atención residencial (arts. 24 y 25 de la Ley 39/2006).

[197] Las CCAA se ocupan de la gestión del pago de esta prestación, que va dirigida a cubrir los gastos de alguno de los servicios de asistencia personal recogidos dentro del SAAD (prevención de las situaciones de dependencia y de promoción de la autonomía personal, teleasistencia, ayuda a domicilio, centros de día y de noche, y de atención residencial). Las ayudas varían dependiendo de la comunidad autónoma y del grado de dependencia.

La DGT ha precisado las implicaciones de esta remisión de la LIVA a la LAPAD, entre otras, en la consulta vinculante V0902-23, de 18 de abril de 2023, afirmando que se refiere a la modalidad y tipo de servicios a los que resulta de aplicación el tipo impositivo superreducido.

Así pues, resultan irrelevantes otras consideraciones relacionadas con el perfil del beneficiario de los servicios, esto es, si dispone o no de un Plan Individual de Atención; o bien relativas a la naturaleza de la fuente de financiación utilizada para la contratación de los servicios, sea esta procedente de la LAPAD, o de programas o proyectos de financiación propia de dichos entes públicos.

Dicho esto, lo significativo es que la aplicación del tipo impositivo superreducido ha de quedar subordinada a la existencia de un control administrativo sobre los precios que se cobran por los referidos servicios. A ello se refiere la primera de las condiciones que posibilitan la aplicación del tipo reducido. Y este control se entiende realizado cuando los servicios se prestan mediante plazas concertadas en centros o residencias, o bien cuando se trata de precios derivados de un concurso administrativo adjudicado a las empresas prestatarias.

En concreto, en relación con la referencia al «concurso administrativo», se ha de precisar que tal referencia ha de ser interpretada con arreglo a las normas actuales que rigen los contratos del sector público y, por consiguiente, ha de comprender cualquiera de los procedimientos contemplados en la Ley de Contratos del Sector Público (Ley 9/2017, de 8 de noviembre). De este modo, cuando la norma tributaria alude a «precios derivados de un concurso administrativo adjudicado», se refiere a la contraprestación obtenida por la empresa adjudicataria del usuario según lo predeterminado en virtud del contrato administrativo celebrado con una Administración Pública (consulta vinculante V0902-23, de 18 de abril de 2023).

También será de aplicación el tipo impositivo del 4% a las prestaciones de servicios de teleasistencia y de ayuda a domicilio que se efectúen como consecuencia de una prestación económica vinculada a tales servicios (PEVS), en la medida que dicha prestación económica cubra más del 10% de su precio[198].

El art. 17 LAPAD[199] contempla la posibilidad de percibir una prestación económica vinculada al servicio, con la que cubrir económicamente el acceso a prestaciones equivalentes a las definidas en el catálogo de servicios asistenciales recogido

---

[198]   Según la redacción dada a dicho precepto por la Ley 6/2018, de Presupuestos Generales del Estado para 2008, vigente desde 5 de julio de 2018. Con anterioridad, se exigía que la prestación económica vinculada a los servicios asistenciales cubriera más del 75% de su precio.

[199]   El precepto, bajo la rúbrica «Prestación económica vinculada al servicio», responde al siguiente tenor literal:

«1. La prestación económica, que tendrá carácter periódico, se reconocerá, en los términos que se establezca, únicamente cuando no sea posible el acceso a un servicio público o concertado de atención y cuidado, en función del grado de dependencia y de la capacidad económica del beneficiario, de acuerdo

en el art. 15 antes citado, cuando el potencial beneficiario no tenga posibilidad de recibir tales servicios asistenciales en un centro público o concertado. Con ello se le garantiza que pueda acceder a servicios equivalentes en un centro privado no concertado.

Por razones obvias, lo previsto en este precepto no será de aplicación a los servicios que resulten exentos por aplicación del art. 20.Uno.8.º de la Ley del IVA.

Fuera de las circunstancias expuestas, los servicios asistenciales quedarán sometidos al tipo reducido del 10% por IVA. Según el art. 91.Uno.7.º LIVA, será de aplicación este tipo reducido a las prestaciones de servicios a que se refiere el art. 20.Uno.8.º de la Ley (servicios de teleasistencia y ayuda a domicilio) cuando no estén exentas de acuerdo con dicho precepto ni les resulte de aplicación el tipo impositivo superreducido (art. 20.Dos.2.3.º LIVA).

Este tratamiento diferenciado que, como se ha visto, aparece vinculado a la LAPAD genera situaciones indeseables. Piénsese que son muchas las personas dependientes que se encuentran en listas de espera para acceder a los servicios de dependencia o para percibir una prestación económica vinculada a los mismos. La dualidad de tipos impositivos perjudica a estos colectivos pues, en tanto no se resuelva su expediente, tendrán que contratar servicios privados para poder atender a sus necesidades de cuidados.

Por el momento, la mayoría de los pliegos administrativos que ofertan las Administraciones Publicas para la prestación de los servicios asistenciales distinguen dos tipos de usuarios beneficiarios: i) aquellos que tienen reconocida la prestación de dependencia, que han de soportar el 4%, y ii) los que no la tienen, y que verán cómo el precio de los servicios se incrementa con la aplicación del tipo impositivo del 10% por el IVA[200].

Con arreglo a esta dinámica, el proveedor de los servicios de cuidados aplicará el tipo impositivo que corresponda a la fecha del devengo de la operación y en función de las circunstancias concurrentes en el momento del pago de los correspondientes servicios asistenciales. Bien es cierto que en aquellos casos en los que el reconocimiento de la prestación vinculada al precio del servicio de cuidados tenga efectos retroactivos —un escenario frecuente—, cabe la posibilidad de una modificación de las cuotas repercutidas originariamente (al 10%) de conformidad con lo previsto

con lo previsto en el convenio celebrado entre la Administración General del Estado y la correspondiente comunidad autónoma.

2. Esta prestación económica de carácter personal estará, en todo caso, vinculada a la adquisición de un servicio.

3. Las Administraciones Públicas competentes supervisarán, en todo caso, el destino y utilización de estas prestaciones al cumplimiento de la finalidad para la que fueron concedidas».

[200]   En este sentido se ha pronunciado la DGT en respuesta a las consultas vinculantes V0902-23, de 18 de abril de 2003, y V2731-21, de 10 de noviembre de 2021.

en el art. 89 de la Ley del IVA[201]. De esta forma, acreditado el cumplimiento de los requisitos, la persona dependiente podrá solicitar al proveedor de los servicios una factura rectificativa con el reintegro de las cuotas que le fueron repercutidas en exceso[202].

El impacto del IVA sobre estos servicios esenciales para la autonomía de las personas dependientes implica un encarecimiento del precio que perjudica a este sector de profesionales frente a los empleados del hogar, que quedan fuera de la esfera del impuesto. En términos de neutralidad, tal vez sería conveniente que se contemplara un supuesto de exención en el IVA para los servicios de atención a la dependencia, abaratando el precio de los servicios ofertados a los usuarios. Esta solución evitaría que, por los mismos servicios, resulten precios distintos; en particular, más elevados como consecuencia de la repercusión del IVA cuando se contrata a un cuidador profesional.

En otro caso, sería deseable que tales servicios asistenciales quedaran sometidos al tipo superreducido, evitando las disfunciones actuales. En este sentido, hay que tener en cuenta que la Directiva 2022/542 del Consejo de 5 de abril de 2022 ha actualizado el listado de los tipos impositivos contenidos en el anexo III de la Directiva 2006/112/CE del Consejo, revisando las opciones de los Estados miembros a la hora de establecer tipos reducidos de IVA por motivos sociales claramente definidos en beneficio del consumidor final o con miras al interés general. Y, en particular, ha reformulado el punto 15 de la lista para permitir el establecimiento de un tipo superreducido para la «entrega de bienes y prestación de servicios por parte de organizaciones dedicadas a la asistencia social y de seguridad social según lo definido por los Estados miembros y organizaciones caritativas reconocidas por los Estados miembros, en tanto en cuanto dichas operaciones no estén exentas en virtud de lo dispuesto en los artículos 132, 135 y 136».

---

[201]   La rectificación deberá efectuarse en el momento en el que se adviertan las causas o circunstancias que determinan la modificación de la base imponible, siempre que no hubiesen transcurrido más de cuatro años a partir del momento en que se devengó el impuesto correspondiente a la operación. La rectificación deberá documentarse en una factura rectificativa, y el sujeto pasivo podrá optar por cualquiera de las dos alternativas siguientes: a) iniciar ante la Administración tributaria el procedimiento de rectificación de autoliquidaciones previsto en el art. 120.3 LGT; o b) regularizar la situación tributaria en la autoliquidación correspondiente al período en que deba efectuarse la rectificación o en las posteriores hasta el plazo de un año a contar desde el momento en el que debió efectuarse la mencionada rectificación, quedando obligado a reintegrar al destinatario de la operación el importe de las cuotas repercutidas en exceso.

[202]   En este sentido se ha pronunciado la DGT en varias consultas vinculantes. Entre otras, cabe mencionar la resolución de la DGT V1531-22, de 27 de junio de 2022.

La nueva redacción incorpora los servicios prestados por organizaciones de asistencia social[203]; y, aunque se trata de un concepto jurídico indeterminado cuya delimitación corresponde a los Estados, resulta esclarecedor el considerando 19 de la Directiva, porque, cuando se trata de servicios prestados por organizaciones dedicadas al bienestar social, a la hora de evaluar los requisitos para la aplicación de un tipo reducido, se ha de atender a la actividad y los objetivos de la organización en su conjunto, independientemente del beneficiario último de la entrega o prestación de los servicios.

La necesidad de acometer una modificación del IVA, sobre todo en lo que atañe a la aplicación del tipo superreducido a los servicios de atención a la dependencia, es una reivindicación compartida por los colectivos empresariales de este sector de la economía[204], y de la que se han hecho eco algunos grupos políticos sin que, por el momento, haya prosperado ninguna de las iniciativas impulsadas para la modificación de la LIVA[205].

3. Servicios de asistencia sanitaria bajo demanda

Fuera del catálogo de los servicios de cuidados recogido por la LAPAD, algunos operadores de plataformas ofertan un catálogo de servicios más extenso, entre ellos, de asistencia sanitaria (fisioterapia, psicología, etc.). En relación con este tipo de servicios cabe recordar que la Ley del IVA establece un régimen de exención limitada (no permite la deducción del IVA soportado) para ciertos servicios de asistencia sanitaria.

En concreto, el art. 20.Uno.3.º LIVA declara exenta «la asistencia a personas físicas por profesionales médicos o sanitarios, cualquiera que sea la persona destinataria de los mismos». Esta asistencia comprende las prestaciones de *asistencia médica, quirúrgica y sanitaria* relativas al *diagnóstico, prevención y tratamiento de enfermedades*, prestados materialmente por *profesionales médicos o sanitarios*, aunque dichos profesionales actúen a través de una entidad mercantil, y esta, a su vez, facture a los destinatarios de los servicios.

---

[203]   En la actualidad, el punto 15 del Anexo III de la Directiva del IVA va refente erido únicama la «entrega de bienes y prestación de servicios por parte de organizaciones caritativas reconocidas por los Estados miembros, dedicadas a la asistencia social y de seguridad social, en tanto en cuanto dichas operaciones no estén exentas en virtud de lo dispuesto en los artículos 132, 135 y 136».

[204]   https://ceaps.org/por-la-equidad-del-iva-en-el-sector-de-la-dependencia/

[205]   Tal es el caso de la proposición de Ley para aplicar el tipo del 4% a todos los servicios de atención a la dependencia a que se refieren las letras b), c), d) y e) del apartado 1 del art. 15 de la LAPAD (Boletín Oficial de las Cortes Generales, n. 350-1, de 23 de noviembre de 2018, https://www.congreso.es/public_oficiales/L12/CONG/BOCG/B/BOCG-12-B-350-1.PDF).

El precepto condiciona la exención a la concurrencia de dos elementos: objetivo y subjetivo.

El primero, referido a los servicios prestados, comprende la asistencia médica, quirúrgica y sanitaria, incluyendo análisis clínicos y exploraciones radiológicas, siempre que vayan referidos a los fines siguientes:

— Diagnóstico: los prestados con el fin de determinar la calificación o el carácter peculiar de una enfermedad o, en su caso, la ausencia de la misma.

— Prevención: los prestados anticipadamente para evitar enfermedades o el riesgo de las mismas.

— Tratamiento: servicios prestados para curar enfermedades.

Desde este punto de vista, quedan comprendidos en el supuesto de exención aquellos servicios sanitarios prestados con una finalidad terapéutica que no requieren de internamiento en establecimientos hospitalarios[206].

En cuanto al elemento subjetivo, precisa la LIVA que tendrán la consideración de profesionales médicos o sanitarios los considerados como tales en el ordenamiento jurídico, y los psicólogos, logopedas y ópticos, diplomados en centros oficiales o reconocidos por la Administración Pública.

Pues bien, los fisioterapeutas y los psicólogos[207], en cuanto pertenecen a este colectivo de profesionales podrán considerarse exentos de IVA, siempre que los servicios prestados estén relacionados con el diagnóstico, prevención y tratamiento de enfermedades.

Por el contrario, aquellos servicios relacionados con el adelgazamiento de las personas, masajes estéticos, técnicas de relajación, etc., prestados al margen de un tratamiento médico, tributarán por el IVA al tipo impositivo del 21%[208].

---

[206]   DGT V0260-10, de 12 de febrero de 2010.

[207]   Los psicólogos, aunque aparecen expresamente mencionados en el supuesto de exención, podrán desarrollar actividades sanitarias en gabinetes o establecimientos sanitarios en la medida en que acrediten haber adquirido una formación específica a través de algunas de las vías previstas en la disposición adicional sexta de la Ley de Economía Social (Ley 5/2011, de 29 de marzo): a) Haber superado los estudios de graduado/licenciado, siguiendo el itinerario curricular cualificado por su vinculación con el área docente de Personalidad, Evaluación y Tratamiento Psicológicos, o con la Psicología Clínica y de la Salud; b) haber adquirido una formación complementaria de posgrado no inferior a 400 horas (o su equivalente en créditos europeos), de las que al menos 100, tendrán carácter práctico, vinculadas a las áreas mencionadas en la letra anterior.

[208]   Este es el criterio reiterado de la DGT, así se puede ver, entre otras, en las consultas vinculantes V2253-22, de 26 de octubre de 2022; V2731-21, de 10 de noviembre de 2021; y V2346-20, de 9 de julio de 2020.

4. Las plataformas facilitadoras: de meros intermediarios a sujetos pasivos con consideración de proveedores

Los modelos de negocio de los operadores de plataformas tienden a configurarse como una actividad de intermediación (normalmente, como una comisión por cuenta ajena), donde el intermediario o comisionista pone en contacto a proveedores y clientes. Es decir, facilitan relaciones contractuales entre sujetos que, en los modelos de negocio tradicionales, difícilmente podrían llegar a celebrarse. Las plataformas nacidas con la *economía colaborativa*[209] responden claramente a este esquema. La evolución experimentada por estos operadores económicos ha dado lugar a que, dentro del concepto más extenso de *economía de plataformas* (*gig economy*), no solo sean creadores de mercado en un entorno digital, sino que tengan una intervención activa en la prestación de los servicios subyacentes con ánimo de lucro, integrándose en la categoría de las plataformas que desarrollan una «influencia decisiva» sobre los prestadores de servicios.

Esta diversidad de modelos de plataformas también está presente en las plataformas de cuidados establecidas en España. Si se recuerda la caracterización realizada de estos modelos de negocio al inicio de este estudio, el relativo a los cuidados a mayores se desarrolla a través de entidades privadas (mayoritariamente, sociedades de capital) que comparten el perfil de plataforma de intermediación (normalmente, como facilitadoras o con influencia decisiva), y en algunos casos asumen este rol junto con el de prestadores de servicios asistenciales, para lo que cuentan con cuidadores como parte de su plantilla.

Estos operadores de plataformas son sujetos pasivos del IVA (los establecidos en la península y Baleares)[210], y las prestaciones de servicios se entenderán realiza-

---

[209] En el sentido utilizado por la Comisión Europea, la economía colaborativa comprende «modelos de negocio en los que se facilitan actividades mediante plataformas colaborativas que crean un mercado abierto para el uso temporal de mercancías o servicios ofrecidos a menudo por particulares». La economía colaborativa, así definida, implica a tres categorías de agentes: i) prestadores de servicios que comparten activos, recursos, tiempo y/o competencias —pueden ser particulares que ofrecen servicios de manera ocasional (pares) o prestadores de servicios que actúen a título profesional (prestadores de servicios profesionales)—; ii) usuarios de dichos servicios; y iii) intermediarios que —a través de una plataforma en línea— conectan a los prestadores con los usuarios y facilitan las transacciones entre ellos (plataformas colaborativas). Por lo general, las transacciones que se realizan en este modelo de economía no implican un cambio de propiedad y pueden realizarse con o sin ánimo de lucro (Comunicación «Una Agenda Europea para la economía colaborativa», Bruselas, 2016, COM (2016), 356 final),

[210] Como señala ECHEVARRÍA ZUBELDIA, no siempre está claro si los servicios prestados por las plataformas se pueden considerar servicios electrónicos o de intermediación, y de su calificación dependerá que sean gravadas donde se localiza la prestación subyacente cuando no se prestan a empresarios o profesionales («El paquete IVA en la era digital o 'VIDA'», *Revista Técnica Tributaria*, n. 142, 2023, p. 157).

das en el territorio de aplicación del impuesto conforme a las reglas de localización fijadas en la LIVA[211].

Si se centra la atención en el servicio de intermediación, las operaciones que llevan a cabo los operadores de plataformas de cuidados no presentan singularidad alguna por el hecho de que su actividad se desarrolle en un entorno tecnológico. Y, en consecuencia, a la comisión cobrada al cliente o al proveedor por el servicio de plataforma le será de aplicación el tipo general del 21% (art. 90 LIVA)[212].

En efecto, las plataformas digitales son empresarios[213] que desarrollan una actividad económica[214] consistente en una prestación de servicios con arreglo a lo dispuesto en el art. 11.Dos.15.º de la Ley del IVA, en el que quedan comprendidas «las operaciones de mediación y las de agencia o comisión cuando el agente o comisionista actúe en nombre ajeno».

Cosa distinta será cuando el operador de plataforma «actúe en nombre propio y medie en una prestación de servicios», en cuyo caso dispone dicho precepto que «se entenderá que ha recibido y prestado por sí mismo los correspondientes servicios».

---

[211]   De conformidad con lo dispuesto en el art. 69.Uno LIVA, habrá que distinguir dos supuestos: 1) cuando el destinatario sea un empresario o profesional (B2B) que actúe como tal y radique en territorio español la sede de su actividad económica, o tenga en el mismo un establecimiento permanente o, en su defecto, el lugar de su domicilio o residencia habitual, siempre que se trate de servicios que tengan por destinatarios a dicha sede, establecimiento permanente, domicilio o residencia, con independencia de dónde se encuentre establecido el prestador de los servicios y el lugar en el que los preste; y 2) cuando el destinatario no sea empresario o profesional actuando como tal (B2C), siempre que los servicios se presten por un empresario o profesional y la sede de la actividad económica o establecimiento permanente desde el que los preste o, en su defecto, el lugar de su domicilio o residencia habitual, se encuentre en el territorio de aplicación del impuesto.

[212]   Bien entendido que, como regla general, la Directiva (UE) 2022/542 del Consejo, de 5 de abril, por la que se modifican las Directivas 2006/112/CE y (UE) 202/285 en lo que respecta a los tipos del IVA, aplicable a partir de 1 de enero de 2025, garantiza que los servicios que puedan prestarse por medios electrónicos puedan gravarse en el lugar donde el cliente esté establecido, tenga su domicilio permanente o resida habitualmente (principio de tributación en destino).

[213]   El art. 5 LIVA establece que «son actividades empresariales o profesionales las que impliquen la ordenación por cuenta propia de factores de producción materiales y humanos o de uno de ellos, con la finalidad de intervenir en la producción o distribución de bienes o servicios».

[214]   De acuerdo con el art. 4.1 LIVA, «estarán sujetas al Impuesto las entregas de bienes y prestaciones de servicios realizadas en el ámbito espacial del Impuesto por empresarios o profesionales a título oneroso, con carácter habitual u ocasional, en el desarrollo de su actividad empresarial o profesional, incluso si se efectúan a favor de los propios socios, asociados, miembros o partícipes de las entidades que las realicen.» El apartado dos, letras a) y b), del citado precepto señala que «se entenderán realizadas en el desarrollo de una actividad empresarial o profesional: a) Las entregas de bienes y prestaciones de servicios efectuadas por las sociedades mercantiles, cuando tengan la condición de empresario o profesional. b) Las transmisiones o cesiones de uso a terceros de la totalidad o parte de cualesquiera bienes o derechos que integren el patrimonio empresarial o profesional de los sujetos pasivos, incluso las efectuadas con ocasión del cese en el ejercicio de las actividades económicas que determinan la sujeción al Impuesto.».

Es decir, se considera que el intermediario ha recibido y prestado esos servicios por sí mismo.

Tal escenario se puede reconocer en aquellos negocios de plataforma que no funcionan simplemente como un punto de intercambio entre oferta y demanda, sino que intervienen en la prestación del servicio subyacente. Un perfil de operador de plataforma subsumible en la categoría de las plataformas facilitadoras o con influencia decisiva.

Esta particularidad introduce cierta dificultad para la correcta aplicación del impuesto; por lo que, a efectos de determinar el tratamiento que se ha de dar a la actividad realizada por un operador de plataforma, será determinante atender a las condiciones contractuales y a la realidad económica y comercial del caso concreto[215].

Cuando la plataforma actúa por cuenta y nombre de los clientes prestando un servicio de intermediación, lo habitual será que los proveedores subyacentes presten directamente a los clientes el servicio demandado (p.ej., la asistencia a las personas dependientes). En estos casos, la actuación del operador de plataforma se limita a poner el medio tecnológico que permite generar un mercado. Por tanto, por su actuación como mediador, dicho sujeto pasivo deberá emitir factura y repercutir el IVA correspondiente por los servicios prestados para poner en contacto a proveedor y usuario.

Distinto es el caso en el que el intermediario presta en nombre propio los servicios a los clientes, siendo, a su vez, cliente de los servicios prestados por los proveedores. En esta hipótesis, tratándose por ejemplo de servicios de cuidados a mayores, habría que distinguir dos operaciones:

— Del proveedor (cuidador profesional o entidad subcontratista) a la plataforma (intermediario).
— De la plataforma al destinatario final.

Esta es la solución que establece el art. 28 de la Directiva de IVA en relación con la mediación de servicios, entendiendo que «cuando un sujeto pasivo que actúe en nombre propio, pero por cuenta ajena, medie en una prestación de servicios se considerará que ha recibido y realizado personalmente los servicios de que se trate».

Este criterio, como ha dejado claro la jurisprudencia europea, resulta de aplicación a todas las categorías de servicios, pues está redactado en términos generales, sin incluir restricciones sobre su ámbito de aplicación o su alcance[216].

---

[215]   DGT consulta vinculante V1452-19, de 19 de junio de 2019.
[216]   El apartado 54 de la sentencia del TJUE (Gran Sala) de 28 de febrero de 2023, Fenix International Ltd, se remite a lo dicho en la sentencia de 14 de julio de 2011, *Henfling y otros*, C-464/10, EU:C:2011:489, apartado 36.

De modo más concreto, a efectos de la aplicación de este mandato, el art. 9 bis, apartado 1 del Reglamento de Ejecución n.º 282/2011 por el que se adoptan las medidas necesarias para la aplicación de la Directiva[217], incorpora una presunción para aquellos supuestos en que la plataforma preste servicios por vía electrónica a través de una red de telecomunicaciones, de una interfaz o de un portal, como por ejemplo un mercado de aplicaciones. Algo que podría suceder en el ámbito de las plataformas de cuidados a medida que van consolidándose en el mercado y ampliando su catálogo de servicios (p. ej., pensemos en que la plataforma crea un acceso a contenidos generados por cuidadores profesionales para suscriptores).

De acuerdo con el precepto señalado, «se presume que un sujeto pasivo que toma parte en la prestación actúa en nombre propio, pero por cuenta del prestador de dichos servicios, salvo que el prestador sea reconocido expresamente como tal por ese sujeto pasivo y que ello quede reflejado en los acuerdos contractuales entre las partes».

Esta presunción *iuris tantum* hace recaer en la plataforma la prueba de que el prestador subyacente ha sido reconocido expresamente como tal y que así queda reflejado en los acuerdos contractuales entre las partes.

En concreto, para que se considere que el prestador de servicios por vía electrónica ha sido reconocido expresamente como tal, deberán cumplirse las siguientes condiciones:

— Que la factura emitida o facilitada por cada sujeto pasivo que participe en la prestación de los servicios por vía electrónica indique con precisión cuáles son tales servicios y el prestador de los mismos.

— Que en las obligaciones de facturación quede constancia tanto de los servicios prestados por vía electrónica como el prestador de los mismos.

A estos efectos, un sujeto pasivo que, respecto a la prestación de servicios efectuada por vía electrónica, autorice el cargo al cliente o la prestación de los servicios, o fije los términos y las condiciones generales de la prestación, no podrá indicar expresamente a otra persona como prestadora de dichos servicios (presunción *iuris et de iure*).

La concurrencia de estas condiciones habrá de ser apreciada por las autoridades tributarias y los tribunales a la hora de analizar el caso concreto. Así lo declara el TJUE en la sentencia 28 de febrero de 2023, en relación con la mercantil Fenix

---

[217]   El objetivo del Reglamento es garantizar una aplicación uniforme del actual sistema del IVA, estableciendo para ello disposiciones de aplicación de la Directiva, en particular por lo que respecta a los sujetos pasivos, la entrega de bienes y la prestación de servicios y el lugar de realización de los hechos imponibles. Sus disposiciones son jurídicamente vinculantes desde la fecha de entrada en vigor, y no prejuzgan la validez de la legislación y de la interpretación adoptadas anteriormente por los Estados (considerandos 2 y 4 del Reglamento).

International Ltd., titular de la plataforma «Only Fans»[218]. Argumenta el Tribunal europeo, que para que proceda la aplicación del art. 28 de la Directiva sobre el IVA debe existir un mandato en virtud del cual el comisionista intervenga en la prestación de servicios por cuenta del comitente. Pero, aun admitiendo que el cliente final pueda conocer la existencia del mandato y la identidad del comitente (proveedor de los servicios), tales circunstancias no bastan, por sí solas, para excluir al operador de la regla establecida en la Directiva, puesto que hay que tener en cuenta, principalmente, «las facultades que posea el sujeto pasivo en el marco de la prestación de servicios» (apartado 88)[219].

Esta ficción jurídica para involucrar al operador de la plataforma en la prestación de servicios es una solución que va cobrando fuerza en las iniciativas europeas para la modernización del IVA ante los nuevos hábitos del mercado digital[220].

Desde instancias internacionales (OCDE) y la UE se viene poniendo el acento en que la economía de plataformas supone un riesgo para el interés recaudatorio de los Estados porque, por una parte, puede ocurrir que el proveedor subyacente no repercuta el IVA a sus clientes estando obligado a ello, o bien que dicho sujeto no cumpla con su obligación de declarar e ingresar el IVA repercutido ante la auto-

---

[218] Esta plataforma se dirige a usuarios de todo el mundo, que pueden tener dos roles: creadores y fans. El operador de plataforma (Fenix International) fija las condiciones generales de uso de la plataforma «Only Fans». Cada creador dispone de un perfil en el que descarga y publica contenidos tales como fotografías, vídeos y mensajes. Los fans pueden acceder al contenido descargado por los creadores efectuando un pago en cada ocasión, o bien pagando una suscripción mensual. Los fans pueden pagar también «propinas» o realizar donativos por los que no se obtiene ningún contenido. El operador de plataforma establece una cuantía mínima tanto para las suscripciones como para las propinas. Además de proporcionar la plataforma tecnológica que permite el contacto entre los usuarios, el dispositivo permite efectuar transacciones financieras. Fenix International es responsable de cobrar a los fans y distribuir los pagos efectuados por estos, lo que se lleva a cabo desde una tercera entidad que presta servicios de pago. Por los servicios prestados, este operador carga un 20% sobre cualquier suma satisfecha a un creador.

[219] El TJUE declara que «cuando un sujeto pasivo que media en la prestación de un servicio por vía electrónica operando, por ejemplo, con una plataforma 'on line' de redes sociales, está facultado para autorizar la prestación del servicio o el cargo de este al cliente o bien para fijar los términos y las condiciones generales de tal prestación, entonces dicho sujeto pasivo tiene la posibilidad de definir unilateralmente elementos esenciales de la prestación, a saber, su realización y el momento en que tendrá lugar esta, o bien las condiciones en que será exigible la contraprestación, o incluso las normas que forman el marco general de la prestación. En tales circunstancias, atendiendo a la realidad económica y comercial subyacente, debe considerarse que el sujeto pasivo es el prestador de los servicios a efectos del artículo 28 de la Directiva sobre el IVA».

[220] Vid. GARCÍA FREIRÍA, Mónica, «El papel de las plataformas digitales en la aplicación de los tributos, en especial, en fase de recaudación tributaria», Los modelos de negocio en la era digital, dir. Malvárez Pascual, L.A., Pita Grandal, A.M.ª, Martos García, J.J, Aranzadi, 2023, p. 529.

ridad competente. Esta realidad no solo perjudica al correcto funcionamiento del impuesto, sino que genera una competencia desleal en este sector del mercado[221].

La solución jurídica pasa por convertir a las plataformas en proveedores de los servicios a efectos IVA en lugar de los verdaderos proveedores del servicio. Este planteamiento permite unificar el IVA aplicable a los servicios, garantizando que la prestación de servicios vía plataforma al consumidor final tenga el mismo tratamiento a efectos del IVA que la realizada bajo esquemas de negocio tradicionales. No son las únicas ventajas, sino que este sistema también facilita la recaudación y el control. Téngase en cuenta que, si se focaliza la atención en los operadores de plataforma, podrían quedar fuera del sistema del IVA miles de pequeños operadores[222]. Lo que expresado con otras palabras supone liberar a los proveedores subyacentes de sus obligaciones fiscales para que corran a cargo de la plataforma.

El esquema descrito ya se ha puesto en marcha de forma razonablemente exitosa en el ámbito de los suministros de bienes a través de plataformas (Amazon, AliExpress, etc.) en relación con las ventas a distancia intracomunitarias y extracomunitarias. En este segmento del comercio electrónico, se han establecido reglas especiales que crean la ficción de que la entrega de los bienes la realiza la plataforma en lugar del vendedor, lo que posibilita que recaigan sobre los operadores de plataformas las obligaciones derivadas del impuesto, incluyendo las nuevas obligaciones de registro de las operaciones en que intervienen, articulando sistemas de ventanilla única (OSS e IOSS) para que dichos sujetos no tengan que entenderse con las autoridades fiscales de los diferentes países en los que operan[223].

---

[221]   El modelo de plataformas ha dado lugar a que se eleve el número de operaciones en las que, o bien actúan particulares a título privado —y, por tanto, no se consideran sujetos pasivos del impuesto—. o bien se trata de operadores económicos que están sujetos y exentos del IVA debido a medidas de simplificación que les liberan de las obligaciones en materia de IVA. Tradicionalmente, los particulares y las pequeñas empresas exentas no tenían ningún impacto en la competencia del mercado con las empresas registradas a efectos del IVA. Sin embargo, esta realidad ha cambiado con la economía de plataformas.

[222]   Así lo enfatiza ECHEVARRÍA ZUBELDIA en «La economía colaborativa tendrá su propio régimen de IVA en 2025», *Carta Tributaria*, n. 95, 2023 (LA LEY 1273/2023).

[223]   En efecto, a partir de 1 de julio de 2021, las normas del IVA sobre el comercio electrónico transfronterizo entre empresas y consumidores (B2C) se canalizan a través de los regímenes del IVA para las ventas a distancia de bienes y para la importación de envíos de bajo valor. En ellos se introduce la ficción jurídica de que, a efectos de IVA, en determinados casos de distribución de bienes y servicios a través de plataformas en línea la plataforma se integra en la cadena de valor (como si hubiera adquirido el bien del vendedor y, posteriormente, este se vendiera al consumidor final; de modo que la primera entrega quedaría exenta, y la segunda, sujeta a IVA). Adicionalmente, se permite que los vendedores en línea, incluidos los *marketplaces* y/o plataformas en línea, puedan registrarse en un solo Estado miembro utilizando la ventanilla única (OSS) para la declaración y pago del IVA sobre las ventas a distancia de sus bienes y prestaciones transfronterizas de servicios a clientes dentro de la UE, así como la ventanilla única de importación (IOSS) para las mercancías procedentes de fuera de la UE.

El siguiente paso es extender este planteamiento a otros sectores de la economía de plataformas con el paquete de medidas normativas presentado bajo el título «IVA en la era digital» (*VAT in the Digital Age*, o VIDA)[224]. En particular, con esta reforma del IVA se persigue que, a partir de enero de 2025, las plataformas adopten el rol de «sujeto pasivo considerado proveedor» (*deemed-supplier* o proveedor asimilado), si bien limitado a los operadores de plataforma que actúan como intermediarios en la prestación de servicios de alquiler de corta duración y del transporte de viajeros[225].

Esta la evolución en el sistema de funcionamiento del IVA no alcanza a las plataformas que operan en el mercado de cuidados en nuestro país. No obstante, estos cambios en el régimen del IVA presentan un interés práctico a la hora de definir cuándo se puede considerar que la plataforma «facilita» una prestación de servicios a efectos de la interpretación de la regla establecida en el art. 28 de la Directiva, como se ha dicho, de aplicación general a todos los sectores. Y, por ejemplo, a la hora de configurar el modelo de negocio, se puede entender que una plataforma no facilita una prestación de servicios, en el sentido de que no ejerce una «influencia decisiva», cuando cumpla todas estas condiciones:

— Que no fije, ni directa ni indirectamente, ninguna de las condiciones en las que se efectúa la entrega o prestación del servicio.
— Que no participe, directa o indirectamente, en la autorización del gravamen al cliente por los pagos efectuados.
— Que no participe, directa o indirectamente, en la prestación de dichos servicios.

En estas circunstancias, se puede entender que la actividad realizada por el operador de plataforma es la simple intermediación y, por la realización de esta prestación de servicios, deberá asumir las obligaciones que se desprendan de su condición de sujeto pasivo del IVA.

---

[224] Los objetivos del paquete legislativo, además de las normas referidas a la economía de plataformas, se extienden a otros extremos de gran relevancia: 1) la modernización de las obligaciones de notificación a efectos del IVA, normalizando la información que los sujetos pasivos deben presentar a las autoridades tributarias, al tiempo que se introduce la facturación electrónica para las operaciones intracomunitarias, mediante una propuesta de Reglamento de Ejecución del Consejo por el que se modifica el Reglamento de Ejecución (UE) n. 282/2011 del Consejo en lo que respecta a los requisitos de notificación aplicables a determinados regímenes del IVA.; 2) la introducción de un registro único a efectos de IVA que evite la necesidad de múltiples registros en la UE y mejorar la herramienta utilizada para declarar y pagar el IVA adeudado por las ventas a distancia, mediante la propuesta de Reglamento de Ejecución del Consejo por el que se modifica el Reglamento (UE) n. 904/2010 en lo que respecta a las disposiciones de cooperación administrativa en materia de IVA necesarias para la era digital.

[225] Propuesta de Directiva del Consejo por la que se modifica la Directiva 2006/112/CE en lo que respecta a las normas del IVA en la era digital, COM (2022) 701 final (https://ec.europa.eu/info/law/better-regulation/have-your-say/initiatives/13186-El-IVA-en-la-era-digital_es).

VIII. EL PAPEL ACTIVO DE LAS PLATAFORMAS: SU POTENCIAL COMO COLABORADORES TRIBUTARIOS

1. Las plataformas como colaboradores en la aplicación de los tributos

Los operadores de plataformas comparten como característica común que una parte esencial de su actividad conlleva la recepción, tratamiento, almacenamiento y puesta a disposición de los datos facilitados por sus clientes. Es decir, su actuación en relación con esta información no responde a una actividad automática o técnica, necesaria para gestionar el acceso y la utilización de los contenidos y los servicios de la plataforma, sino que los datos de los clientes son tratados para facilitar la contratación de los servicios entre proveedores y usuarios (optimización de las ofertas de venta, etc.).

Esta parte esencial del negocio digital confiere a los proveedores de plataformas (operadores de plataforma[226]) un papel activo que implica el conocimiento de la información o el control sobre la misma. Este punto de vista es crucial, porque sobre el mismo se fundamenta la necesidad de establecer deberes de diligencia adaptados a los distintos tipos de operadores de plataformas para prevenir y evitar el uso de los medios digitales para fines ilícitos y nocivos (detección y retirada de contenidos ilícitos en las redes, protección de menores, protección de consumidores, etc.), pero también con la finalidad de crear unas condiciones de competencia equitativas para las empresas[227].

Si se repara en el camino seguido por la UE, el marco regulatorio de los servicios digitales[228] viene a trazar las bases del estándar de diligencia de los prestadores de servicios digitales intermediarios, entre los que se encuentran los mercados en línea, y que se concreta en tres ejes de actuación: la trazabilidad de los vendedores

---

[226] Este es el concepto acuñado por la Directiva europea que establece las obligaciones de suministro de información a las administraciones tributarias (la denominada DAC 7) , entendiendo que son operadores de plataforma las entidades que celebran contratos con vendedores para poner una plataforma digital a disposición de estos, poniéndolos en contacto con otros usuarios, para llevar a cabo las actividades pertinentes (arrendamiento de bienes inmuebles, servicios personales, venta de bienes y arrendamiento de cualquier medio de transporte).

[227] CRUZ ÁNGELES, Jonatán, «Las obligaciones jurídico-comunitarias de las grandes plataformas proveedoras de servicios digitales en la era del metaverso», *Cuadernos de Derecho Transnacional*, vol. 14, n. 2, 2022, pp. 294-318.

[228] El «Paquete de servicios digitales» integra la Ley de Servicios Digitales y la Ley de Mercados Digitales: Reglamento (UE) 22/2065 del Parlamento Europeo y del Consejo, de 19 de octubre de 2022, relativo a un mercado único de servicios digitales y por el que se modifica la Directiva 2000/31/CE (https://www.boe.es/buscar/doc.php?id=DOUE-L-2022-81573); y Reglamento (UE) 2022/1925 del Parlamento Europeo y del Consejo, de 14 de septiembre de 2022, sobre mercados disputables y justos en el sector digital y por el que se modifican las Directivas (UE) 2019/1937 y (UE) 2020/1828 (https://www.boe.es/buscar/doc.php?id=DOUE-L-2022-81470).

en los mercados en línea, la transparencia de las plataformas en el suministro de información y la verificación de la calidad de los datos proporcionados por los clientes.

Estos deberes de diligencia afectan a todos los intermediarios en línea que ofrezcan sus servicios en el mercado interior, tanto si están establecidos en la UE como si lo están fuera de ella. Eso sí, distinguiendo el grado de diligencia en atención al tamaño y trascendencia de los servicios prestados por estos operadores económicos.

Este patrón de comportamiento se centra en las transacciones celebradas a distancia entre usuarios y proveedores, de modo que los operadores de plataformas deben garantizar que los proveedores sean localizables o, como mínimo, rastreables. A tal efecto, las plataformas deben exigir a dichos sujetos cierta información como requisito previo para poder operar desde la interfaz (nombre, dirección, número de teléfono y dirección de correo electrónico, cuenta de pago, número de inscripción en el registro mercantil o análogo, etc.). Datos que, a su vez, deberán ser verificados con arreglo a criterios de proporcionalidad.

La singularidad de las plataformas como proveedores de datos bajo un estándar de diligencia presenta gran interés para las administraciones tributarias, pues también el negocio digital puede dar lugar a prácticas lesivas para los sistemas tributarios y que pongan en riesgo el interés recaudatorio de los Estados. En este caso, no se trata tanto de reaccionar frente a la deslocalización de estas estructuras empresariales desmaterializadas y de las rentas que generan, sino de evitar que las plataformas puedan amparar focos de economía sumergida.

La posición de los operadores de plataformas en el vértice del esquema relacional triangular del negocio de intermediación en línea se presenta como una ventaja para simplificar y ganar eficacia en el control realizado por las autoridades fiscales. Por su capacidad económica y tecnológica, los operadores de plataformas se encuentran en condición de asumir nuevos roles en sus relaciones con las administraciones tributarias, convirtiéndose en unos «colaboradores cualificados» o «intermediarios fiscales» en la tarea de estas últimas de velar por la correcta aplicación del sistema tributario[229].

Con cierta simetría respecto al modelo de diligencia debida descrito, también el legislador europeo ha establecido obligaciones de suministro de información tributaria y deberes de diligencia debida para las plataformas digitales en el marco de la Directivas de Cooperación Administrativa, conocidas como «serie DAC» (por sus siglas en inglés, *Directives on Administrative Cooperation*). En concreto, y en lo que

---

[229]   Entre otros, RUIZ HIDALGO, C., «El cumplimiento de las plataformas digitales como obligados tributarios: análisis de la Directiva 2021/514, las reglas modelo de la OCDE y el derecho español», en *La digitalización en los procedimientos tributarios y el intercambio automático de información*, Aranzadi, 2023, pp. 553 y ss.; GARCÍA FREIRÍA, Mónica, «El papel de las plataformas…», *op. cit.*, pp. 507 y ss

interesa a efectos de estas páginas, a través de la DAC 7, como se suele denominar a la Directiva (UE) 2021/514 del Consejo, de 22 de marzo de 2021 por la que se modifica la Directiva 2011/16/UE relativa a la cooperación administrativa en el ámbito de la fiscalidad —la DAC 1—[230],

La DAC 7 supone un avance significativo para la captación de datos de «pertinencia previsible»[231] —expresión equivalente a la «trascendencia tributaria» utilizada por la LGT— relativos a las operaciones que se realizan a través de plataformas en línea. Datos que la Administración tributaria española deberá compartir con los Estados miembros en los que se encuentren radicados los vendedores de conformidad con el sistema de intercambio automático de información de conformidad con lo establecido en el Reglamento (UE) 2022/1467 de la Comisión, de 5 de septiembre de 2022[232].

En la misma línea, en el contexto internacional de fortalecimiento de los sistemas de intercambio de información, se ha de tener en cuenta la suscripción por parte de España del Acuerdo Multilateral entre Autoridades competentes sobre intercambio de información relativa a ingresos obtenidos a través de plataformas digitales en el ámbito de la OCDE[233], cuya finalidad es posibilitar el intercambio automático de la información recabada sobre los servicios (alojamiento, transporte y otros servicios personales) efectuados a través de plataformas digitales por las autoridades tributarias de las jurisdicciones de residencia, asumiendo Normas tipo de comunicación de la información (un modelo sustancialmente similar a la DAC 7).

El legislador español ha acometido la transposición de la Directiva europea, implementando a su vez el citado Acuerdo Multilateral. A tal efecto, se introduce la disposición adicional vigésima quinta de la Ley General Tributaria (Ley 58/2003, de

---

[230]   La Directiva introduce el art. 8 *bis quater* y el anexo V de la Directiva 2011/16/UE. En su art. 2 impone a los Estados la transposición de su contenido a más tardar para el 31 de diciembre de 2022, y que procedan a la aplicación de las disposiciones y reglamentarias necesarias para dar cumplimiento a la misma a partir del 1 de enero de 2023. Un calendario que se demora un año más en lo que se refiere a los aspectos relativos a las inspecciones conjuntas.

[231]   La propia Directiva «delimita y codifica claramente este criterio» para generar seguridad jurídica en el ámbito de los intercambios de información, integrando en el mimo los Comentarios al art. 26 del Modelo de Convenio de la OCDE y la doctrina del TJUE. Sobre esta cuestión, FUSTER GÓMEZ, M., «Avances en la interpretación de la 'pertinencia previsible' en el intercambio de información tras los pronunciamientos del TJUE y la DAC 7», *Nueva Fiscalidad*, n. 3, 2021, pp. 147-172.

[232]   Este Reglamento modifica el Reglamento de Ejecución (UE) 2015/2378 en lo que respecta a los formularios normalizados y los formatos electrónicos que deben utilizarse en relación con la Directiva 2011/16/UE del Consejo y a la lista de datos estadísticos que deben facilitar los Estados miembros a efectos de la evaluación de dicha Directiva (https://eur-lex.europa.eu/legal-content/ES/TXT/PDF/?uri=CELEX:32022R1467&from=ES).

[233]   BOE n. 224, de 19 de septiembre de 2023 (https://www.boe.es/boe/dias/2023/09/19/pdfs/BOE-A-2023-19657.pdf).

17 de diciembre) con la rúbrica «Obligaciones de información y de diligencia debida relativas a la declaración informativa de los operadores de plataforma obligados en el ámbito de la asistencia mutua», donde no solo se establecen las directrices generales de estas nuevas obligaciones tributarias, sino también su régimen sancionador. Un marco regulatorio que encuentra su desarrollo reglamentario en el RD 117/2024, de 30 de enero, en relación con los procedimientos de diligencia debida y en materia de registro[234], y mediante el que se modifica el Reglamento General de las actuaciones y los procedimientos de gestión e inspección tributarias y de desarrollo de las normas comunes de aplicación de los tributos (RGAT).

2. Obligaciones fiscales derivadas de la DAC 7

Las plataformas comunitarias y extracomunitarias que operan en uno o varios países de la UE quedan obligadas:

— A registrarse en un Estado miembro como operadores de plataformas obligados a suministrar información.
— A recabar y verificar los datos de los vendedores registrados en la plataforma en relación con las «actividades pertinentes», entendiendo por tales las de arrendamiento y cesión temporal de bienes inmuebles y medios de transporte, servicios personales y venta de bienes; y,
— A reportar los datos recabados sobre los vendedores a la Administración competente (donde tenga su residencia, o la elegida, mediante registro censal, en caso de plataformas establecidas fuera de la Unión).

Cumplidas estas obligaciones, en una fase posterior, corresponderá a la Administración tributaria receptora de los datos proceder a su suministro automático a las autoridades fiscales del Estado de residencia del proveedor, asumiendo las Reglas Modelo de la OCDE a la hora de configurar este mecanismo de intercambio de información[235].

---

[234] Publicado en el BOE n. 27, de 31 de enero de 2024 (https://www.boe.es/diario_boe/txt. php?id=BOE-A-2024-1771).
[235] La coordinación con las Reglas Modelo conlleva una simplificación de las obligaciones para las plataformas establecidas fuera de la Unión. En tal sentido, el considerando 11 de la Directiva señala que «dado que las autoridades tributarias de todo el mundo deben hacer frente a los desafíos relacionados con una economía de plataformas digitales en constante aumento, la Organización para la Cooperación y el Desarrollo Económicos (OCDE) ha elaborado normas tipo de comunicación de información por operadores de plataformas sobre vendedores en la economía colaborativa y de trabajo esporádico y por encargo (en lo sucesivo, «normas tipo»). Dada la frecuencia con que las plataformas digitales y los vendedores activos en dichas plataformas llevan a cabo actividades transfronterizas, cabe esperar razonablemente que los territorios no pertenecientes a la Unión tendrán incentivos suficientes para seguir el ejemplo de la Unión y llevar a cabo la recopilación y el intercambio recíproco y automático de información sobre los vendedores sujetos a comunicación de información de conformidad con las normas tipo. Aunque

Esta información permitirá a las autoridades fiscales disponer de información de calidad para la correcta aplicación de los impuestos sobre la renta y el IVA[236]. De hecho, respecto de este último, esta modalidad de intercambio de información se superpone al sistema que ya se ha puesto en funcionamiento con el mismo objeto en el ámbito del IVA para las plataformas que intermedian en el comercio de bienes o en determinados servicios digitales (prestados por vía electrónica[237], de telecomunicaciones, y de radiodifusión y televisión).

Por lo que hace a la obligación de informar a cargo de las plataformas, la citada disposición adicional vigésima quinta de la LGT se redacta en los siguientes términos: «Las entidades que tuvieran la consideración de 'operadores de plataforma obligados a comunicar información', conforme a lo dispuesto en el artículo 8 *bis*

---

su ámbito de aplicación no coincide exactamente con el de la presente Directiva en lo que respecta a los vendedores sujetos a comunicación de información y las plataformas digitales que deben comunicar dicha información, se espera que las normas tipo dispongan la comunicación de información equivalente en relación con actividades pertinentes que entren dentro del ámbito de aplicación tanto de la presente Directiva como de las normas tipo, que se podrán seguir ampliando para incluir también otras actividades pertinentes».

[236] Pese a la utilidad que pueda tener este flujo de circulación de datos de trascendencia tributaria dentro de la Unión, son numerosos los estudiosos que se muestran críticos con la deriva del legislador europeo que, en su alineamiento con las propuestas de la OCDE (Marco inclusivo BEPS), ha priorizado la adopción de medidas tendentes a reforzar la soberanía de los Estados miembros como remedio necesario para prevenir y combatir el fraude fiscal, descartando otras vías alternativas, cual sería, por ejemplo, una mayor armonización fiscal. Esta última orientación política, tal y como se viene destacando en el ámbito académico, y, en particular, referida a la DAC 7, permitiría alcanzar los objetivos de integración ínsitos al proyecto europeo y con ello también se reducirían las pérdidas recaudatorias generadas por la competencia fiscal entre jurisdicciones fiscales. Entre esas voces críticas, BARREIRO CARRIL, a propósito del grupo de directivas (ATAD y DAC 6), señala que «tienden a evitar que los contribuyentes inmersos en actividades transfronterizas —que posibilitan las libertades fundamentales consagradas en el TFUE— dejen de pagar los impuestos que deberían, y persigue, según lo indicado en párrafos anteriores, reforzar la posición de los Estados miembros, de cara a gravar las rentas obtenidas por los vendedores que hacen uso de las plataformas digitales. Ningún progreso, en cambio, hacia la adopción de Directivas que eliminen alguno de los obstáculos fiscales a que tales contribuyentes se enfrentan cuando operan a escala transfronteriza en el ámbito de la Unión Europea (como es la doble imposición)» (BARREIRO CARRIL, M.ª Carmen, «Los operadores de plataformas digitales y la DAC 7: mucho más que una obligación de información», en *La digitalización en los procedimientos tributarios y el intercambio de información*, Aranzadi, 2023, p. 644).

[237] Se refiere la norma a los servicios que consistan en la transmisión enviada inicialmente y recibida en destino por medio de equipos de procesamiento, incluida la compresión numérica y el almacenamiento de datos, y enteramente transmitida, transportada y recibida por cable, radio, sistema óptico u otros medios electrónicos y, entre otros, los siguientes: suministro y alojamiento de sitios informáticos; mantenimiento a distancia de programas y de equipos; suministro de programas y su utilización; suministro de imágenes, texto, información y la puesta a disposición de bases de datos; suministro de música, películas, juego, incluidos los de azar o de dinero, y de emisiones y manifestaciones políticas, culturales, artísticas, deportivas, científicas o de ocio; y suministro de enseñanza a distancia (art— 67.Tres.4.º LIVA).

quater y el anexo V de la DAC 7, así como en el Acuerdo Multilateral entre Autoridades Competentes para el intercambio automático de información sobre la renta obtenida a través de plataformas digitales y el Modelo de Reglas de comunicación de información por parte de operadores de plataformas respecto de los vendedores en el ámbito de la economía colaborativa y la economía de trabajo esporádico, y en otros acuerdos internacionales suscritos con el mismo objetivo, deberán aplicar las normas y procedimientos de diligencia debida y cumplir las obligaciones de registro y suministro de información conforme a la citada normativa».

3. Operadores de plataformas obligados a informar

La norma interna prescinde del intento de delimitar con claridad y precisión el alcance subjetivo de la obligación de suministro de información, optando por una remisión a la Directiva. De esta forma, por *operadores de plataforma obligados a comunicación* habrá que entender a aquellos sujetos o «entidades»[238], siguiendo la terminología de la norma europea, que presenten los siguientes rasgos:

a) ofrecen servicios a través de «plataformas»,
b) llevan a cabo una «actividad pertinente»,
c) y realizan operaciones comerciales en la Unión (trasnacionales o no trasnacionales).

La DAC 7 a la que se remite la norma de transposición, en su anexo V, define las plataformas como cualquier *software*, incluidos los sitios webs o parte de ellos y las aplicaciones, entre ellas las aplicaciones móviles, que sea accesible para los usuarios y que permita a los vendedores ponerse en contacto con otros usuarios para llevar a cabo una «actividad pertinente», que incorpore cualquier modalidad de recaudación y pago de una «contraprestación» por dicha actividad.

La herramienta tecnológica sirve para poner en contacto o intermediar entre vendedores y usuarios. Este servicio de intermediación, bajo la expresión «actividad pertinente», se refiere a cuatro sectores de la economía de plataformas:

a) El arrendamiento de bienes inmuebles, entre los que se incluyen los bienes inmuebles de uso residencial y de uso comercial y cualquier tipo de bien inmueble, así como plazas de aparcamiento.

---

[238] RUIZ HIDALGO señala que la referencia a «entidad» por parte del legislador europeo proporciona seguridad jurídica evitando las disfunciones que se podrían producir en función de la particular forma jurídica utilizada por el operador. No obstante, parece dejar fuera de estas obligaciones a las personas físicas (*vid.* RUIZ HIDALGO, Carmen, «El cumplimiento de las plataformas digitales como obligados tributarios: análisis de la Directiva 2021/514, las reglas del modelo de la OCDE y el derecho español», en *La digitalización en los procedimientos tributarios y el intercambio automático de información*, Aranzadi, 2023, p. 557).

b)   El arrendamiento de cualquier tipo de medio de transporte.
c)   La venta de bienes.
d)   Los servicios personales.

A la vista de este ámbito de aplicación, la actividad de intermediación que se realiza a través de las plataformas digitales de cuidados podría considerarse como una actividad pertinente. En la mayoría de estos negocios el servicio subyacente contratado es precisamente un «servicio personal», definido por la Directiva como «la realización de trabajo por horas o por servicio por parte de uno o varios particulares, que actúan de forma independiente o en nombre de una entidad, y que se lleva a cabo a petición del usuario, ya sea en línea o físicamente, tras haber sido facilitado a través de una plataforma».

A pesar de la amplitud con la que se configura el ámbito de aplicación de esta obligación de información, la norma comunitaria deja fuera dos supuestos:

—   Las actividades desarrolladas por vendedores (en lo que aquí interesa, cuidadores) que son «empleados de la plataforma» o de una entidad vinculada del operador de plataforma, y

—   Los operadores que incluyen un *software* para proveer de concretos servicios —en exclusiva— que pueden estar relacionados con la referida «actividad pertinente».

Por lo que hace a la primera causa de exclusión, relacionada con vendedores que actúen como empleados del operador de plataforma o de una entidad vinculada de este[239], el legislador comunitario no da más detalle sobre lo que se ha de entender por «empleados de la plataforma». Este silencio llama la atención si se tiene en cuenta que la economía colaborativa y la economía de plataformas han difuminado las fronteras tradicionales entre el trabajo dependiente y el autónomo[240].

En el caso de los cuidados existe una «zona gris» en la que es difícil determinar si, con arreglo a los servicios prestados, se está ante un trabajador subordinado o un trabajador independiente. La ausencia de una definición para este concepto lleva a pensar que por empleados habrá que entender los trabajadores contratados por la plataforma que, en nuestro ordenamiento jurídico, estarán dados de alta en el

---

[239]   Con arreglo al Anexo de la DAC 7, por *entidad* se ha de entender una persona jurídica o un instrumento jurídico, como una sociedad de capital, una sociedad de personas, un fideicomiso o una fundación. Una entidad es una *entidad vinculada* de otra si una de las dos controla a la otra o si ambas están sujetas a un control común. A estos efectos, *control* incluye una participación directa o indirecta de más del 50% en el capital de una entidad y la posesión de más del 50% de los derechos de voto de dicha entidad.

[240]   Cavas Martínez, Faustino, «Las prestaciones de servicios a través de las plataformas informáticas de consumo colaborativo: un nuevo desafío para el Derecho del Trabajo», *Rev. Derecho del Trabajo y de la Seguridad Social*, CEF, n. 406, 2017, p. 47.

Régimen General de la Seguridad Social. Quedarán fuera de dicho concepto, por consiguiente, las relaciones laborales especiales (empleados de hogar), así como los trabajadores por cuenta propia en el Régimen Especial de Trabajadores Autónomos (RETA) y los trabajadores autónomos económicamente dependientes (en adelante, TRADE).

La calificación del cuidador o prestador de servicios de cuidados conforme a estas categorías no siempre será una tarea sencilla. Como sucede en otros sectores de la economía de plataformas, una parte importante de las personas que trabajan a través de estos intermediarios lo hacen de forma autónoma, se responsabilizan de su propia Seguridad Social y asumen los riesgos de la actividad que desarrollan, pero en condiciones de subordinación a la plataforma.

Bien es cierto que empieza a consolidarse un cuerpo jurisprudencial que, en atención a las circunstancias del caso concreto, sostiene que los trabajadores de plataformas no son trabajadores por cuenta propia[241]. España es uno de los primeros países que, ante esta situación, ha adoptado normas específicas para abordar el tratamiento de este fenómeno[242], aunque solo en lo que concierne a los trabajadores que se dedican al reparto en el ámbito de plataformas digitales. La denominada «Ley Rider» (Ley 12/2021, de 28 de septiembre, por la que se modifica el Texto Refundido de la Ley del Estatuto de los Trabajadores, aprobado por el Real Decreto Legislativo 2/2015, de 23 de octubre) encaminada a favorecer la relación laboral en las plataformas de *delivery* ha sido polémica. Por parte de los agentes económicos afectados, se viene defendiendo un sistema más flexible que garantice la libertad de opción de los repartidores (*riders*), decantándose por el modelo más abierto de los trabajadores autónomos[243],

En el ámbito de los cuidados, el impacto de esta normativa ha dado lugar a que algunas plataformas hayan transitado desde la fórmula de colaboración con cuidadores independientes hacia un modelo laboral, esto es, integrando a dichos profesionales como empleados. Cuideo es un ejemplo de este proceso de «laboralización», con una plantilla que ronda los 3.000 cuidadores contratados[244].

---

[241] En este sentido, cabe destacar la sentencia del Tribunal Supremo de 25 de septiembre de 2020, rec. 4745/2019, que respecto del caso concreto de un repartidor de la plataforma Glovo ha entendido que debe considerarse como un trabajador por cuenta ajena.

[242] RODRÍGUEZ-PIÑERO ROYO, Miguel, «La Ley Rider dos años después: enseñanzas de una experiencia particular», *Revista de Estudios Jurídicos Laborales y de Seguridad Social*, n. 7, 2023, pp. 13-35.

[243] Pese a esta férrea oposición, incluso tras la salida de España por parte de Deliveroo con el despido colectivo de su plantilla, la entrada en vigor de la citada Ley ha determinado el aumento de los contratos laborales en este sector de la economía de plataformas, en buena medida a través de fórmulas de subcontratación, sin que estas soluciones hayan significado necesariamente una mejora de las condiciones retributivas y de trabajo de los repartidores.

[244] https://emprendedores.es/casos-de-exito/cuideo-negocio-cuidados/

Esta es la línea que se impone en la UE de cara a la regulación uniforme para los trabajadores de plataformas. La propuesta de directiva presentada por la Comisión en 2021, sobre la que se pronunció el Consejo el 12 de junio de 2023[245], facilita el acceso de las personas que trabajan a través de plataformas digitales a la situación laboral legal que corresponda a sus modalidades de trabajo reales[246]. Los criterios fijados en este marco regulatorio pueden ser útiles a la hora de clarificar qué se ha de entender por empleados (frente a los trabajadores por cuenta propia) a efectos de dar cumplimiento a las obligaciones de información impuestas por la DAC 7. En este sentido, la propuesta de directiva presume que una persona es trabajadora de la plataforma cuando el operador determina los límites máximos para el nivel de remuneración, supervisa la realización del trabajo, impone restricciones a la libertad de abandonar el trabajo (elegir las horas de trabajo o los períodos de ausencia, de aceptar o rechazar tareas, etc.); o cuando fija las normas que regulan la apariencia o conducta de la persona que presta los servicios a los clientes[247].

Dejando a un lado estas consideraciones, en lo que concierne a la segunda causa de exclusión, esto es, la referida a aquellos proveedores de servicios electrónicos que incluyen un *software* para proveer de concretos servicios —en exclusiva— que pueden estar relacionados con la referida «actividad pertinente», tal situación puede reconocerse en aquellos casos en que la actividad desarrollada se circunscribe al servicio de gestión de pagos por medios electrónicos (pasarela de pago), así como cuando dicha actividad se limita a que los usuarios ofrezcan o promocionen servicios (tablón de anuncios) o a redirigir a los usuarios a otras plataformas.

Más complicado puede ser determinar cuándo el operador de plataforma realiza «operaciones comerciales dentro de la Unión».

El legislador europeo ha querido configurar el ámbito de aplicación de modo flexible, buscando una fórmula que permita abarcar a todos los operadores de plataformas que lleven a cabo «actividades comerciales en la Unión», y, por consiguiente, un parámetro desvinculado de la residencia fiscal de los operadores que quedan obligados a comunicar la información.

Con arreglo a este criterio, vienen obligadas a suministrar información, por operar en la Unión, las entidades que se encuentren en cualquiera de estas 3 situaciones:

---

[245] https://www.consilium.europa.eu/es/press/press-releases/2023/06/12/rights-for-platform-workers-council-agrees-its-position/

[246] https://www.consilium.europa.eu/es/press/press-releases/2023/10/09/social-protection-for-the-self-employed-council-calls-for-action-to-address-remaining-gaps/

[247] Se trata de un marco regulatorio de gran calado, en el que además de establecerse la presunción de la relación laboral, se acometerá el uso de los algoritmos y de la inteligencia artificial para evaluar y monitorizar a los trabajadores.

a) Que tengan su residencia fiscal en un Estado miembro (en nuestro caso, España[248]).

b) Que, no siendo residentes en ningún Estado miembro, cumplan alguna de estas condiciones: i) estén constituidas con arreglo a la legislación de un Estado miembro; ii) su sede de dirección, incluida su dirección efectiva, se encuentre en un Estado miembro; y iii) tengan un establecimiento permanente en un Estado miembro y no sea un «operador de plataforma cualificado externo de la Unión»[249].

c) Que se trate de operadores de plataforma extranjeros a los que no les sea de aplicación un acuerdo de intercambio con obligaciones equivalentes a las derivadas de la DAC 7.

La amplitud del ámbito subjetivo de esta obligación de información garantiza la igualdad de condiciones entre las plataformas digitales, evitando hacer de peor condición a las plataformas establecidas en la Unión frente a las radicadas en países terceros.

La Directiva solo excluye de la obligación de información y de registro a los «operadores de plataforma cualificados externos a la Unión», refiriéndose con esta expresión a aquellas entidades que quedan sometidas a un sistema de intercambio de información equivalente al regulado por la DAC 7 en virtud de los acuerdos de intercambio automático de información suscritos con países no pertenecientes a la UE en el marco del Acuerdo Multilateral de la OCDE[250].

Dicho esto, cabe pensar que razones de proporcionalidad habrían aconsejado que el legislador europeo hubiera establecido algunos criterios para fijar un mínimo de actividad en la Unión, pues puede plantearse la duda de si la mera accesibilidad técnica de un sitio web desde la Unión puede ser suficiente para considerar que una plataforma opera en el territorio de la Unión.

---

[248] La obligación de presentar la declaración a la Administración tributaria española se especifica en el art. 54 ter RGAT. De esta manera, en primer lugar, quedan obligados los operadores que tengan residencia fiscal en España.

[249] En la misma línea, el art. 54 ter RGAT obliga a presentar declaración a la Administración tributaria española a los operadores que, no siendo residentes fiscales en España ni en ningún Estado miembro, cumplan con alguno de los siguientes criterios de conexión: 1.º Que se hubieran constituido con arreglo a la legislación española; 2.º que tengan su sede de dirección, incluida su dirección efectiva, en España; y 3.º que tengan un establecimiento permanente en España y no sean un «operador de plataforma cualificado externo a la Unión».

[250] El cdo. 21 de la Directiva precisa que, en estos casos, «se espera» que las plataformas extranjeras comuniquen información equivalente a las autoridades tributarias de territorios no pertenecientes a la Unión, y, asimismo, «se espera» que las autoridades tributarias de dichos territorios garanticen la aplicación efectiva de los procedimientos de diligencia debida y de las obligaciones de información. A lo que añade que, «cuando no suceda así, los operadores de plataforma extranjeros deben estar obligados a registrarse e informar en la Unión».

Tal posibilidad queda descartada en otros marcos regulatorios de la economía digital, donde las obligaciones se imponen a los intermediarios que ofrezcan sus servicios en la Unión en la medida en que exista una conexión «sustancial» con esta. Así se puede apreciar en la Ley de Servicios Digitales, en la que se establecen deberes de diligencia para un entorno en línea transparente y seguro. En las definiciones recogidas en su art. 3, precisa el significado de las expresiones «ofrecer servicios en la Unión» y «conexión sustancial con la Unión». La primera se refiere a la actividad, es decir, a hacer posible que las personas físicas o jurídicas de uno o varios Estados miembros utilicen los servicios del prestador de servicios intermediarios que tenga conexión con la Unión. Y la segunda se define como la conexión de un prestador de servicios intermediarios con la Unión resultante bien de su establecimiento en ella, bien de criterios fácticos específicos, tales como un número significativo de destinatarios de servicios en uno o varios Estados miembros en relación con la población, o que las actividades se dirijan hacia uno o varios Estados miembros[251].

A falta de una exigencia de presencia sustancial en la Unión, en términos similares a los expuestos, la Directiva fiscal ha optado por enumerar una serie de supuestos en los que los operadores de plataformas pueden quedar «excluidos» de la obligación de informar sobre las operaciones realizadas en la Unión. Tal sería el caso de aquel operador de plataforma que haya demostrado por adelantado y con una periodicidad anual, a satisfacción de la autoridad competente, que el negocio que lleva a cabo a través de la plataforma no tiene vendedores sujetos a información. Es decir, que:

a)   No tiene vendedores activos durante el período de referencia (porque no realizan una actividad pertinente durante el periodo objeto de comunicación, o porque no reciben una contraprestación por tal actividad en dicho período).

b)   Los vendedores se encuentran en alguna de las categorías excluidas[252], a saber:

—   Una entidad estatal.

—   Una entidad cuya capital se negocie regularmente en un mercado de valores reconocido o una entidad vinculada a una entidad cotizada en los términos expuestos.

[251]   Algún autor considera que el Reglamento de Servicios Digitales tendría que haber considerado otros criterios más adecuados para apreciar la orientación de las actividades del intermediario hacia un Estado miembro, entre otros: la lengua, la moneda o el dominio de primer nivel, la posibilidad de encargar los productos o servicios desde el Estado, la disponibilidad de una aplicación en la tienda de aplicaciones nacional correspondiente, etc.; *vid.* DE MIGUEL ASENSIO, Pedro Alberto, «Obligaciones de diligencia y responsabilidad de los intermediarios: el Reglamento (UE) de Servicios Digitales», *La Ley Unión Europea*, n. 109, 2022, p. 5 de 46 (La Ley 11104/2022).

[252]   Definidos en la sección I, apartado B, punto 1, del anexo V de la Directiva 2011/16/UE.

— Una entidad a la que el operador de plataforma haya facilitado, en el período de referencia, más de 2.000 transacciones a través de arrendamientos sobre un bien inmueble (cadenas hoteleras y operadores turísticos).

— Un vendedor al que el operador de plataforma haya facilitado, mediante la venta de bienes, menos de 30 actividades pertinentes, por la que el importe total de la contraprestación pagada o abonada no haya superado los 2.000 euros.

Si se repara en el último supuesto de exclusión, salvo que los vendedores (prestadores de servicios) se consideren trabajadores en nómina del operador de plataforma, los umbrales fijados por la Directiva son fácilmente superables durante el año (más de 30 transacciones, o ventas por más de 2.000 euros).

Esta configuración de la obligación de información implica que no es una medida dirigida a grandes plataformas (Amazon, Uber, Glovo, Vinted, etc.), sino que incumbe a cualquier pequeña plataforma, incluso a aquellas calificadas como empresas emergentes —también, las plataformas de cuidados—, y aunque se trate de operadores de plataforma «excluidos», pues en este caso tendrán que presentar declaración negativa por tal circunstancia.

Además de los costes de cumplimiento que conllevan estas obligaciones de información, sin hacer distinción alguna en atención al tamaño de las plataformas, estas medidas introducen un factor de inseguridad bastante elevado, pues nuestras normas tributarias —en particular, las normas reguladoras del IRPF— no establecen criterios claros que permitan a los vendedores determinar la correcta calificación de las rentas obtenidas a través de las operaciones realizadas mediante la plataforma (p.ej., cuidadores que prestan servicios de corta duración o por horas de forma esporádica).

Desde este punto de vista, la comunicación de estos datos a la Administración no solo debería ir orientada a detectar y corregir el fraude, sino a identificar las normas tributarias que precisan ser revisadas para adaptarse a los nuevos modelos de consumo, evitando que operaciones ocasionales, de escasa cuantía, realizadas por particulares puedan ser consideradas como prácticas fraudulentas (economía sumergida). De hecho, en algunos países ya se han fijado umbrales o regímenes de franquicia para los vendedores de bienes muebles (ventas de objetos usados a través de plataformas)[253].

---

[253] MULEIRO PARADA, Luis Miguel, «La imposición derivada de la transmisión de bienes entre particulares a través de plataformas digitales», en *La digitalización en los procedimientos tributarios y el intercambio de información automático*, Aranzadi, 2023, pp. 474 y ss.

4. Obligación de registro para las plataformas extranjeras

La amplitud del ámbito subjetivo de la obligación de informar que recae sobre los operadores de plataformas conlleva que, sin perjuicio de las obligaciones de registro que corresponden a las plataformas obligadas a suministrar información a la Administración tributaria española[254], tratándose de operadores extranjeros, vengan obligados a registrase en un Estado miembro por no encontrarse sometidos a un sistema de información equivalente al europeo, en la medida en que facilitan la realización de actividad pertinente por parte de vendedores sujetos a comunicación en dicho Estado miembro. Y, dado que por su actividad pueden quedar obligados a suministrar información en varios Estados miembros, la Directiva permite a dichos sujetos la elección del Estado en el que habrán de cumplir las obligaciones derivadas de la DAC 7, debiendo notificar este extremo a las autoridades competentes de los restantes Estados miembros.

Llama la atención que la obligación de notificar esta circunstancia recaiga sobre el operador, pues, si se trata de simplificar trámites a los operadores de plataforma, sería deseable que la autoridad competente del Estado miembro de registro que ha de asignarle un número de identificación individual como «operador de plataforma obligado a comunicar información», a su vez, cursara la notificación a los restantes Estados miembros. De hecho, así ocurre cuando el operador queda «excluido» de la obligación de informar (por ejemplo, porque demuestra que carece de vendedores o proveedores activos)[255].

Dejando a un lado estas consideraciones, cabe subrayar que la obligación de registro será el elemento determinante de la competencia de la Administración tributaria española en relación con los operadores en los que no concurre el criterio de arraigo en la UE. El procedimiento de registro único se realizará, conforme a lo previsto en el art. 9 bis del RGAT, mediante la presentación de la declaración censal de alta en el Registro de operadores de plataforma extranjeros no cualificados, incluyendo la siguiente información: nombre, dirección postal, direcciones electrónicas y sitios web, cualquier NIF expedido a dicha entidad, identificación a efectos IVA y los Estados miembros en los que los vendedores sujetos a comunicación son residentes.

---

[254] El art. 9 ter del RGAT regula la declaración de alta en el registro de otros operadores obligados a comunicar información, referida a los operadores a que se refiere el art. 54 ter,3.a) del mismo texto normativo. Esto es a los operadores de plataforma con residencia en España o que, no siendo residentes, cumplan con alguno de los criterios de sujeción fijados en dicho precepto.

[255] Incluso cabe preguntarse hasta qué punto serán necesarias estas comunicaciones entre autoridades fiscales de distintos Estados cuando empiece a funcionar el registro general al que se refiere el apartado 6 del art. 8 *bis quater* de la Directiva 2011/16/UE: «La Comisión establecerá, a más tardar el 21 de diciembre de 2022, un registro central en el que constará la información que deba notificarse de conformidad con el apartado 5 del presente artículo y que debe comunicarse de conformidad con la sección IV, apartado F, punto 2 del anexo V. Dicho registro central será accesible para las autoridades competentes de todos los Estados miembros».

La declaración censal (modelo 040)[256] deberá presentarse cuando se inicie la actividad, y mediante este trámite la Administración tributaria española asignará un «número de identificación individual», que se notificará a las autoridades competentes de todos los Estados Miembros.

La autoridad fiscal competente podrá solicitar que se «elimine» a un operador de plataforma cuando:

a) El operador de plataforma haya notificado que ya no realiza ninguna actividad como tal.

b) En ausencia de una notificación, existan motivos para entender que el operador de plataforma ha cesado.

c) El operador de plataforma no residente en la Unión no realiza la actividad pertinente por parte de vendedores sujetos a obligación de información o de una actividad pertinente que conlleve el arrendamiento de bienes inmuebles ubicados en territorio español.

d) Los Estados miembros hayan revocado el registro ante su autoridad competente debido a que, después de dos recordatorios del Estado miembro de registro único, no cumpla con la obligación de informar (el registro se revocará a más tardar en un plazo de 90 días, pero no antes de que se cumplan 30 días del segundo recordatorio)[257].

Si el operador, habiendo iniciado su actividad, no se hubiese registrado con arreglo a la normativa vigente, la Administración tributaria deberá comunicar esta situación a la Comisión Europea.

5. Obligación de información ante la Agencia Tributaria

Los operadores de plataforma obligados a declarar ante la Administración tributaria española (modelo 238) deberán proporcionar información propia, así como sobre cada uno de los vendedores activos.

En cuanto a la *información propia*, el art. 54 *ter* del RGAT, en la nueva redacción dada por el RD 117/2024[258] menciona los siguientes conceptos:

---

[256] Orden HAC/72/2024, de 1 de febrero, publicada en el BOE n. 31, de 5 de febrero de 2024 (https://www.boe.es/diario_boe/txt.php?id=BOE-A-2024-2092).

[257] Cuando el registro del operador de plataforma haya sido revocado por incumplimiento de la obligación de informar, este podrá ser autorizado a registrarse nuevamente si ofrece a las autoridades del Estado afectado garantías adecuadas de que se compromete a cumplir con los requisitos de comunicación de información dentro de la Unión, incluidos los requisitos de comunicación de información pendientes de cumplir.

[258] La regulación de la obligación de informar derivada de la DAC 7 viene a sustituir a la obligación de informar sobre la cesión de uso de viviendas con fines turísticos introducida en el art. 54 *ter* del RGAT por el RD 366/2021, de 25 de mayo, tras la anulación de la regulación prevista en el RD

a)   Denominación social de la entidad.

b)   Número de identificación fiscal y, en su caso, número de identificación individual asignado por la Administración tributaria española.

c)   Identificación de la plataforma (nombre o nombres comerciales de la plataforma o plataformas con respecto a las cuales informa el operador).

d)   Estado miembro o «Jurisdicción socia»[259] de cumplimiento de la obligación de información, cuando el operador de plataforma cumpla con alguno de los criterios de conexión en más de un Estado miembro o «Jurisdicción socia»[260].

En relación con cada uno de los *vendedores*, la comunicación deberá recoger los siguientes extremos[261]:

a)   Los datos de identificación obtenidos de acuerdo con las normas y procedimientos de diligencia debida. En aquellos casos en que los datos (número de identificación fiscal o residencia) han sido confirmados por el operador a través de la consulta a un «servicio de identificación»[262] puesto a disposición por un Estado miembro o la UE, o por una «Jurisdicción socia», bastará con señalar esta circunstancia en las condiciones que se fijan reglamentariamente (art. 54 ter.4.b).1.º RGAT).

1070/2017, de 29 de diciembre, por la STS n.1106/2020, debido a que esta obligación fiscal no fue comunicada a la Comisión Europea en cumplimiento de lo establecido en la Directiva sobre Servicios Digitales.

[259]   Con arreglo a las definiciones recogidas en el Anexo del Real Decreto 117/2024, por «Jurisdicción socia» se entiende «España y cualquier otra jurisdicción con la que España tenga en vigor un acuerdo u otro instrumento jurídico en virtud del que intercambien de forma automática la información especificada en el artículo 54 ter del Reglamento General de las actuaciones y los procedimientos de gestión e inspección tributaria y de desarrollo de las normas comunes de los procedimientos de aplicación de los tributos, aprobado por el Real Decreto 1065/2007, de 27 de julio, y que esté identificada como tal en un listado público».

[260]   En esta línea, el art. 54 ter del RGAT dispone que cuando los operadores queden obligados a presentar la declaración por cumplir alguno de los criterios de conexión en España y en otro Estado miembro o «Jurisdicción socia» podrán elegir presentar la declaración ante la Administración tributaria española en los términos previstos reglamentariamente y notificándolo, en su caso, al otro Estado miembro o «Jurisdicción socia». Si el Estado miembro o «Jurisdicción socia» de cumplimiento de la obligación no fuera España, la declaración informativa se referirá a los datos de la plataforma.

[261]   En el caso de que el vendedor preste servicios de arrendamiento de inmuebles, la comunicación deberá comprender como información adicional la dirección de cada bien inmueble y el correspondiente número de registro de tierras o su equivalente en la legislación nacional del Estado miembro en el que se sitúa. Y si se conoce: la contraprestación, el número de días que se ha alquilado y el tipo de inmueble comercializado.

[262]   Con arreglo al anexo del RD 117/2014, por «servicio de identificación» se entienden «un proceso electrónico que un Estado miembro o la Unión, o bien una 'Jurisdicción socia' o la OCDE, pone gratuitamente a disposición de un 'operador de plataforma obligado a comunicar información' con el fin de determinar la identidad y la residencia fiscal de un 'vendedor'».

b) La cuenta financiera a la que se paga o abona la contraprestación, así como el nombre del titular de la cuenta, cuando sea distinto del nombre del vendedor, y cualquier otra información financiera de la que disponga la plataforma respecto de ese titular de la cuenta. Esta información se facilitará siempre y cuando esté a disposición del operador de plataforma y la autoridad competente del Estado miembro en que el vendedor sujeto a comunicación de información sea residente y no haya comunicado que no pretende utilizar la cuenta para estos fines.

c) Cada Estado miembro en el que el vendedor puede ser considerado residente. Téngase en cuenta que, si el Estado en el que se encuentra el domicilio principal no coincide con el que ha emitido el NIF, se considerará que el vendedor tiene residencia en los dos Estados[263].

d) La contraprestación total pagada o abonada durante cada trimestre del período de referencia (año natural respecto del que se lleva a cabo la comunicación) y el número de actividades pertinentes a las que corresponde dicho pago o abono.

e) Las comisiones, fianzas, tarifas, tributos y otras cantidades análogas retenidas o cobradas por el operador durante el trimestre del periodo de referencia.

La comunicación se presentará en formato electrónico, tendrá carácter anual y presentará durante el mes de enero del año natural siguiente a aquel en el que el vendedor haya sido identificado sido identificado (art. 54 ter.6 RGAT)[264]. Una vez comunicada la información, la Directiva establece que se procederá al intercambio tendrá lugar dentro del mes siguiente, lo que tendrá lugar de forma electrónica a través de la red común de comunicación (CNN) desarrollada por la Unión.

En caso de que el operador obligado a comunicar información no cumpla con la obligación de informar, después de dos requerimientos, la Administración tributaria «acordará» la baja cautelar en el censo correspondiente. La baja se efectuará en un plazo máximo de 90 días naturales desde el segundo requerimiento, pero en ningún caso antes de que transcurran 30 días naturales desde el mismo.

Esta medida, cuya compatibilidad con la posible sanción viene admitida por la Directiva, se configura como medida cautelar en la medida en que el operador

---

[263] Sección II, apartado D, anexo V de la Directiva 2011/16/UE.

[264] En el caso de que la declaración contenga errores, solo se aceptarán los requisitos para los que no exista motivo de rechazo. La aplicación informática proporcionará un mensaje identificando los registros aceptados y los rechazados. Si al menos uno de los registros resulta aceptado, el mensaje informático incorporará un código seguro de verificación, con la fecha y hora de presentación, incluida la justificación de los registros presentados y aceptados. En caso de que existan registros rechazados, el obligado tributario deberá hacer las correcciones necesarias y proceder a su nueva presentación.

podrá cursar el alta si ofrece a la Administración las garantías adecuadas de que se compromete a cumplir la obligación de información. A tal efecto, se podrá presentar una declaración responsable o cualquier otra prevista en la normativa tributaria, cuya adecuación podrá ser acordada previa verificación, en su caso, de su situación censal a través de las actuaciones o procedimientos de comprobación censal a que se refieren los arts. 144 y siguientes del RGAT.

6. Deberes de diligencia debida

Para cumplir debidamente con la obligación de información, la Directiva exige a los operadores de plataforma, por un lado, la «obtención» de los datos sobre los vendedores y, adicionalmente, su «verificación», a efectos de identificar el perfil del vendedor con arreglo a dos categorías: a) vendedores excluidos; y b) vendedores activos.

Esta labor es crucial, dado que, solamente respecto de los segundos (vendedores activos) el operador de plataforma quedará obligado a cumplir con la obligación de información. Y, a efectos de su aplicación en España, se ha de tener en cuenta lo dispuesto en el RD 117/2024, por el que se desarrollan las normas y los procedimientos de diligencia debida en el ámbito del intercambio de información.

Se considera *vendedor excluido*, según la definición incorporada en el anexo incorporado a la norma reglamentaria, todo vendedor:

a)   Que sea una entidad estatal.

b)   Que sea una entidad cuyo capital social se negocia regularmente en un mercado de valores reconocido o una entidad vinculada a una entidad cuyo capital se negocia regularmente en un mercado de valores reconocido.

c)   Que sea una entidad a la que el operador de plataforma haya facilitado, en el periodo de referencia, más de 2.000 actividades pertinentes a través de arrendamientos con respecto a un bien inmueble comercializado.

d)   Al que el operador le haya facilitado menos de 30 operaciones, por las que el importe total de la contraprestación pagada o abonada no haya superado los 2.000 euros durante el año natural (período de referencia).

Por otro lado, será considerado como *vendedor activo* todo vendedor que realice alguna de las operaciones consideradas como actividad pertinente, o bien que reciba el pago o abono de una contraprestación en relación con una actividad pertinente durante el año natural.

Para determinar el perfil del vendedor y, por tanto, sobre quiénes se van a comunicar los datos de relevancia tributaria a la Administración competente, se permite que el operador de plataforma atienda a los datos proporcionados por el propio vendedor, o bien a los disponibles en abierto, incluyendo, lógicamente, los datos accesibles a través de la navegación por Internet. Estas precisiones proporcionan una mínima seguridad jurídica al operador de plataforma, al igual que introducen proporcionalidad a la hora de concretar el patrón de diligencia que le es exigible.

Cuando la exclusión venga determinada por volúmenes de operaciones, se especifica en la Directiva que tal criterio podrá basarse en los propios registros disponibles de la plataforma. Nótese que este sería el caso de las plataformas de cuidados bajo demanda, en las que los servicios de cuidados se ofrecen por horas, donde lo habitual es que no exista un vínculo laboral entre el cuidador (vendedor, en la terminología de la DAC 7) y el operador de la plataforma.

En un segundo momento, solo en relación con los vendedores activos, se ha de recabar la información que ulteriormente habrá que reportar a la Administración, una vez concluido el período de referencia. A estos efectos, se distingue entre vendedores personas físicas y entidades.

Para las personas físicas, habrá que recopilar los datos siguientes: nombre y apellidos de la persona física; dirección principal; cualquier NIF o equivalente funcional con indicación del Estado miembro o jurisdicción que lo emitió, o, en su ausencia, el lugar de nacimiento del vendedor persona física; el número de identificación del vendedor a efectos del IVA o del impuesto análogo emitido por un Estado miembro o jurisdicción; y la fecha de nacimiento.

Tratándose de entidades, será necesario conocer: la razón social del vendedor que sea una entidad; dirección principal; cualquier NIF o equivalente funcional con indicación del Estado miembro o jurisdicción que lo expidió; el número de identificación del vendedor a efectos del IVA; el número del registro de la empresa, en su caso; y la identificación de los establecimientos permanentes desde los que se ejercen las actividades pertinentes en la UE, con indicación del Estado miembro en el que estén ubicados.

Esta fase se centra en identificar la residencia del vendedor[265], pues este dato es fundamental para que, con posterioridad, los datos recabados puedan ser compartidos entre los distintos Estados miembros. Téngase en cuenta que algunos vendedores, a efectos del intercambio de información, podrían ser considerados como residentes en varios Estados miembros con arreglo a tres variables: la dirección principal, el NIF y la localización del establecimiento permanente.

Dicho esto, a efectos de la aplicación del Acuerdo multilateral, el art. 8 del RD 117/2024 precisa que un operador de plataforma solo podrá considerar que un vendedor es residente en una «Jurisdicción socia» cuando tenga en dicha jurisdicción su dirección principal.

---

[265] Para el caso de las plataformas dedicadas a la intermediación en el alquiler o cesión temporal de uso de bienes inmuebles, habrá que recabar adicionalmente los siguientes datos: la dirección del bien inmueble comercializado; el número de referencia catastral o su equivalente con arreglo a la legislación nacional en la que esté ubicado; y los documentos, datos o información que acrediten que el inmueble pertenece al mismo propietario (en el caso de que hayan facilitado más de 2.000 operaciones sobre dicho inmueble).

La última fase del procedimiento de diligencia va encaminada a la «verificación» de la información con el objetivo fundamental de determinar la validez del número de identificación fiscal o del número de identificación a efectos del IVA del vendedor. Para ello, en principio, bastará con utilizar la información disponible en los registros de la entidad cuya llevanza es obligada en el caso de operadores de plataformas digitales que se encuentran bajo los regímenes especiales de ventas online en el IVA.

Y, en todo caso, el art. 6.1 del RD 117/2024 dispone se podrá utilizar cualquier interfaz puesta a disposición de forma gratuita por un Estado miembro o por la Unión Europea, o bien por una «Jurisdicción socia» o la OCDE.

Solo en el caso de que el operador de plataforma tenga motivo para creer, con base en la información facilitada por la autoridad competente de un Estado miembro o de una «Jurisdicción socia» en una petición relativa a un vendedor concreto, que la información descrita puede ser incorrecta, solicitará a dicho sujeto que se rectifiquen y que se acrediten mediante documentos, datos o información que sean correctos y que procedan de fuentes independientes. A tal efecto, el apartado 3 del artículo citado señala que tendrá la consideración de documento, dato o información correcta, la procedente de un documento de identificación expedido por un Estado miembro o jurisdicción, o bien incluida en un certificado de residencia fiscal que haya sido emitido durante los seis meses naturales a la petición de información efectuada al vendedor.

Estos procedimientos de diligencia debida tienen que estar completados antes de que concluya el período de referencia, esto es, antes del 31 de diciembre[266]. Dicho esto, el art. 7 del RD 117/2024, establece que el operador de plataforma podrá basarse en los procedimientos de diligencia debida relativos a períodos de referencia previos, siempre que se cumplan las siguientes condiciones: a) que la información sobre el vendedor haya sido obtenida y verificada o confirmada en los últimos treinta y seis meses; y b) que el operador carezca de motivo para creer que la información obtenida es o ha pasado a ser poco fiable o incorrecta.

Cuando el vendedor no facilite los datos al operador de plataforma, habiendo recibido dos recordatorios relativos a la solicitud inicial de información, y transcurrido el plazo de 60 días naturales desde dicha solicitud inicial, el operador «cerrará» la cuenta del vendedor e impedirá que vuelva a registrarse, o bien le retendrá el pago de la contraprestación hasta que facilite la información solicitada.

Esta medida enmarcada en los deberes de diligencia debida establecidos por la Directiva, y que obliga al operador a incluir esta cláusula en las condiciones con-

---

[266]   En relación con los vendedores que estén registrados en la plataforma el 1 de enero de 2023 o en la fecha en que una entidad se convierte en operador de plataforma obligado a comunicar información, los procedimientos de diligencia debida deberán realizarse a más tardar el 31 de diciembre del segundo periodo de referencia.

tractuales, se asemeja a lo previsto en otros ámbitos regulatorios de la economía de plataformas[267]. Ello no obsta para que esta intervención en las relaciones entre particulares, tal y como queda configurada en la LGT, pueda considerarse excesiva y con ella se resienta la libre prestación de servicios, obstaculizando de forma desproporcionada el acceso al mercado de los vendedores o proveedores de bienes y servicios[268].

7. Actuaciones de comprobación e investigación

Sin perjuicio de las facultades de comprobación e investigación de las obligaciones de registro y suministro de información establecidas de conformidad con la disposición adicional vigésima quinta de la LGT, se dispone en el apartado 7 de la misma que la Administración tributaria podrá comprobar e investigar el cumplimiento de las normas y procedimientos de diligencia debida que deben aplicar los operadores de plataforma.

A tal efecto, las declaraciones que resulten exigibles a los obligados, las pruebas documentales, los registros y cualquier información utilizada para aplicar los procedimientos de diligencia debida y para cumplir las obligaciones de registro y suministro de información a que se refiere esta disposición adicional deberán conservarse y mantenerse a disposición de la Administración tributaria durante los 10 años siguientes a la finalización del período de referencia al que corresponde el suministro de información.

8. Régimen sancionador

Los operadores de plataforma deberán cumplir las obligaciones de registro y de suministro de información, así como los deberes de diligencia debida relacionados con aquellas.

Para el correcto cumplimiento de las mismas, corresponde a los Estados establecer el régimen sancionador que garantice el cumplimiento de tales obligaciones

---

[267] La Ley de Servicios Digitales también contempla estos deberes de diligencia, exigiendo a los operadores de las plataformas la realización de esfuerzos razonables para verificar la información proporcionada por los vendedores (bases de datos oficiales en línea disponibles gratuitamente, sistemas de suministro de información del IVA, etc.). Y cuando haya razones para creer que un dato es inexacto o incompleto, o no está actualizado, se solicitará al vendedor su subsanación sin dilación o en un plazo establecido por el Derecho de la Unión, de manera que, a falta de respuesta, el operador de plataforma pueda suspender de forma inmediata la prestación del servicio en relación con la oferta de productos o servicios hasta que la solicitud sea atendida en su totalidad (art. 30).

[268] Téngase en cuenta que no se habilita ninguna fórmula para que estos puedan acudir a los cauces impugnatorios para reaccionar frente a esta medida, dado que no hay acto administrativo alguno *Vid.* Ruiz Hidalgo, Carmen, «La obligación de información de las plataformas digitales: apuntes acerca de las medidas sancionadoras previstas en la Directiva 2021/514 y en las reglas modelo de la OCDE», en *Cuestiones conflictivas de la fiscalidad internacional*, Wolters Kluwer, 2022, p. 24.

y deberes, mediante sanciones «eficaces, proporcionadas y disuasorias»[269]. Con tal propósito, el apartado 2 de la disposición adicional vigésima quinta de la LGT regula las infracciones y sanciones aplicables en nuestro ordenamiento[270], que se articulan como supuestos cualificados respecto de las sanciones previstas para los incumplimientos declarativos o puramente formales en los arts. 198 y 199 de la LGT. En concreto, se tipifican tres infracciones, que dan lugar a sanciones (multas pecuniarias fijas) más elevadas que las previstas por la LGT para el incumplimiento de las obligaciones de suministro de información en su título IV. Las dos primeras se refieren a incumplimientos por parte de los operadores de plataforma obligados a informar, y la tercera, a incumplimientos relacionados con los vendedores.

En efecto, en lo que se refiere a los operadores de plataformas, se configuran dos infracciones: i) por la ausencia absoluta de registro en la UE, y ii) por el incumplimiento de las normas y procedimientos de diligencia debida.

Por un lado, constituye infracción tributaria muy grave la *ausencia absoluta de registro en la UE* conforme a la Directiva 2011/16/UE del Consejo de un operador de

---

[269]   Art. 25 bis de la Directiva 2011/16/UE.

[270]   La Directiva se remite a los Estados a efectos de la regulación del régimen sancionador por el incumplimiento de las obligaciones derivadas de la misma. Y, en este sentido, cabe recordar que, como viene declarando de forma reiterada el Tribunal Constitucional, «el legislador goza, dentro de los límites establecidos en la Constitución, de un amplio margen de libertad» para configurar el sistema de infracciones y sanciones atendiendo a los bienes jurídicos protegidos. Desde este punto de vista, la proporcionalidad de la sanción viene determinada por la ley, siendo aquel principio inherente al principio de legalidad en materia sancionadora reconocido en el art. 25.1 de nuestra Constitución, y se entenderá quebrantado este principio cuando concurra un desequilibrio patente y excesivo o irrazonable entre la sanción y la finalidad de la norma (STC 74/2022, de 14 de junio). Un criterio que se corresponde con la doctrina del Tribunal Europeo de Derechos Humanos y del Tribunal de Justicia de la Unión Europea. En particular, la jurisprudencia europea en relación con las sanciones en materia de IVA por incumplimientos formales es rotunda al declarar que el legislador nacional no tiene facultades ilimitadas para legislar prescindiendo del Derecho de la Unión, debiendo acomodarse en todo caso al principio de proporcionalidad; que, además, está presente en la Carta de Derechos Fundamentales de la UE, art. 49.3: «La intensidad de las penas no deberá ser desproporcionada en relación con la infracción». En este sentido el TS ha declarado en dos recientes sentencias, de 25 de julio de 2023 (rec. 5234/2021) y 26 de julio de 2023 (rec. 8620/2021), que un juez o tribunal nacional puede inaplicar la norma nacional cuando aprecie que la norma sancionadora va más allá de lo necesario para garantizar la correcta recaudación y evitar el fraude. De este modo, en la hipótesis de que el órgano jurisdiccional considere que la norma con rango de ley puede ser, al mismo tiempo, contraria a la Constitución y al Derecho de la Unión, lo procedente será plantear la cuestión prejudicial o inaplicar la norma siguiendo la doctrina del acto claro o de acto aclarado (STJUE de 6 de octubre de 2021, asunto C-561/19, *Consorzio Italian Management*)—. Y, en relación con la proporcionalidad de las sanciones, se ha de tener en cuenta la STJUE, de 27 de enero de 2022, asunto C-788/19, por la que se condena a España por incumplimiento del Derecho de la Unión, entre otras razones, al sancionar el incumplimiento o el cumplimiento imperfecto o extemporáneo de la obligación relativa a los bienes y derechos situados en el extranjero «modelo 720» con multas de cuantía fija cuyo importe no guarda proporción alguna con las sanciones previstas para infracciones similares en un contexto puramente nacional y cuyo importe total no está limitado.

plataforma obligado a comunicar información, siempre que de ello se derive la falta de recepción por parte de la Administración tributaria española de la información que hubiera debido recibir en plazo relativa a vendedores sujetos a comunicación de información residentes en territorio español o bienes inmuebles situados en dicho territorio. La sanción, con arreglo a la disposición adicional vigésima quinta de la LGT, será «una multa pecuniaria del *triple* de la que hubiera correspondido por la falta de suministro de tal información con arreglo a lo dispuesto en el título IV de esta Ley».

La configuración de este tipo infractor y la sanción han sido objeto de crítica por parte de los autores[271], entre otras razones, porque la respuesta jurídica a este incumplimiento resulta desproporcionada y de difícil aplicación.

Nótese que el tipo infractor implica una ausencia «absoluta» de registro en la Unión Europea, lo que conlleva que solo puedan incurrir en este tipo infractor los operadores de plataforma extranjeros que pretendan operar en el mercado interior (aquellos que no tengan la condición de «operadores cualificados externos de la Unión»), y solo en la medida en que estos operadores estén obligados a proporcionar información de vendedores sujetos a comunicación de información residentes en territorio español (o de bienes inmuebles situados en España).

Planteada en estos términos la infracción, cabe entender que una plataforma no incurrirá en tal incumplimiento cuando se haya registrado en otro Estado, ni cuando, a pesar de la falta de registro, la información sobre los vendedores haya llegado por otro medio a la Administración tributaria (p.ej., cuando haya sido facilitada por otro operador). En estas condiciones, la norma introduce un factor de incertidumbre que resta efectividad a la medida, sobre todo para aquellos operadores que carecen de un establecimiento permanente en territorio español.

Por lo que hace a las sanciones, la incertidumbre se acrecienta por la falta de precisión y claridad de la norma, que se limita a establecer una multa pecuniaria del «triple» de la que hubiera correspondido por la falta de dicha información conforme a lo dispuesto en el título IV de la LGT, relativo a «La potestad sancionadora». Además de las dudas que puede conllevar para estos operadores la formulación legal de la sanción con este reenvío legal, la severidad de la medida lleva a cuestionar su adecuación a las exigencias del principio de proporcionalidad, debido al desequilibrio entre sanción y finalidad de la norma.

El incumplimiento de la obligación de registro no presenta una diferencia significativa del comportamiento omisivo de los contribuyentes que incurren en la no presentación de declaraciones censales tipificada en el art. 198.1 de la LGT y

---

[271] Es particular, SÁNCHEZ PINO, Antonio José, «Régimen sancionador por incumplimiento de las obligaciones de información de los operadores de plataforma digitales», en *La digitalización en los procedimientos tributarios y el intercambio automático de información*, Aranzadi, 2023, p. 620.

sancionada con una multa pecuniaria fija de 400 euros, y, de modo más concreto, en relación con las obligaciones exigidas con carácter general en cumplimiento de la obligación de suministro de información recogida en los arts. 93 y 94 de la LGT, para las que la sanción consiste en una multa pecuniaria fija de 20 euros por cada dato o conjunto de datos referidos a una misma persona o entidad que hubiera debido incluirse en la declaración con un mínimo de 300 euros y un máximo de 20.000 euros; en ambos casos, tales importes —y el mínimo y máximo— se reducirán a la mitad en caso de cumplimiento extemporáneo sin requerimiento de la Administración. Planteado en estos términos, el hecho de que el obligado tributario sea un operador de plataforma extranjero no altera la naturaleza del comportamiento infractor consistente en el incumplimiento de una obligación «formal», con arreglo a la terminología utilizada por el art. 29 de la LGT, del que no se deriva un perjuicio económico para la Hacienda Pública. Y, en este sentido, no se ha de olvidar que nuestro sistema sancionador construye las infracciones y sanciones en función de la gravedad del comportamiento.

Junto a esta infracción, se tipifica como grave *el incumplimiento de las normas y procedimientos de diligencia debida* por parte de los operadores de plataforma obligados a comunicar información (residentes, establecimientos permanentes y los residentes en países terceros que se hayan registrado en España). En particular, la LGT se refiere al incumplimiento, o cumplimiento incorrecto o fuera de plazo de las obligaciones derivadas de los procedimientos de diligencia debida relativos a: i) la determinación de los vendedores no sujetos a revisión: ii) la recopilación de información sobre el vendedor; iii) la verificación de la información sobre el vendedor; y iv) la determinación del Estado o Estados de residencia.

Estos comportamientos, que de alguna manera suponen una privatización de las tareas de gestión propias de la Administración[272], se sancionarán con una multa pecuniaria fija de 200 euros por cada vendedor respecto del que se hayan incumplido las obligaciones derivadas de la aplicación de las normas y procedimientos de diligencia debida. Una cuantía única que, igualmente, resulta discutible en términos de proporcionalidad, pues no existe ninguna gradación en atención a que el incumplimiento afecte a más o menos obligaciones derivadas de los deberes de diligencia referidos a cada vendedor, sin que se tenga en cuenta la gravedad del comportamiento del operador de plataforma (p.ej., el incumplimiento tiene la misma consecuencia que el cumplimiento tardío), o bien que la información de los vendedores ya estuviera a disposición de la Administración tributaria.

---

[272]   Entre otros, Ruiz Hidalgo, Carmen, «La obligación de información…», *op. cit.*, p. 13; y Sánchez Huete, Miguel Ángel, «Obligación informativa de los intermediarios y economía colaborativa», *Revista Quincena Fiscal*, n. 12, 2021, p. 30.

En relación con los vendedores, constituye infracción tributaria grave *no comunicar la información obligatoria en plazo o comunicar información falsa, incompleta o inexacta* a los operadores de plataforma obligados a comunicar información[273] en cumplimiento de las obligaciones derivadas de la aplicación por el operador de los procedimientos de diligencia debida.

En este caso la infracción consistirá en una multa fija de 300 euros.

Tampoco la tipificación de esta infracción escapa a las críticas. Tal como están reguladas las obligaciones y deberes de diligencia debida, buena parte de los datos sobre los que el vendedor debe informar al operador de plataforma serán los solicitados por este último. Y tampoco parece adecuado que se establezca una multa fija para cualquiera de los comportamientos que conforman el elemento objetivo, sin atender a la mayor o menor gravedad de la conducta infractora[274].

IX. CONCLUSIONES

La irrupción de las plataformas digitales en un mercado sin fronteras ha transformado los hábitos de consumo de bienes y servicios.

El auge de las plataformas de cuidados a domicilio es una manifestación más de esta evolución del mercado y los negocios. Las plataformas que intermedian en la economía de cuidados ofrecen servicios profesionalizados bajo demanda. Esta fórmula empresarial, además del potencial que presenta para la generación de empleo y la innovación, contribuye a mejorar la calidad del envejecimiento, pues la oferta de servicios (cuidados de larga duración, por períodos cortos o por horas) se adapta con mayor flexibilidad a las necesidades individuales de los mayores, preservando su independencia y autonomía en todo el ciclo de la vejez.

A diferencia de otros negocios de plataforma, este emprendimiento innovador precisa de un mayor arraigo al territorio. Los cuidados a domicilio presuponen la permanencia y/o residencia de cuidadores y usuarios en un área geográfica delimitada. Y el éxito del negocio contribuye a la cohesión y bienestar social

El crecimiento de estas iniciativas emprendedoras y sus fines de interés social contrastan, sin embargo, con su escaso reflejo en las normas tributarias. El desinterés del legislador tributario por la economía de los cuidados llama la atención porque, a todas luces, se trata de un caladero de riqueza apta para ser gravada. De hecho, así ha sido subrayado en algunos de los documentos de trabajo de la UE, en los que se invita a los Estados miembros a invertir en este ámbito de los cuidados a las personas dependientes, insistiendo en que el gasto público derivado de esta acción

---

[273]   Precisa SÁNCHEZ DEL PINO que se ha de interpretar que la norma se refiere a los vendedores activos, sin que puedan incurrir en el comportamiento infractor aquellos calificados como «vendedores excluidos» («Régimen sancionador…», *op. cit.*, p. 628)

[274]   En este sentido, SÁNCHEZ DEL PINO, «Régimen sancionador…», *op. cit.*, p. 639.

política podrá revertir en forma de tributos y contribuciones sociales, además de los beneficios que dicha actividad puede generar para el bienestar social.

El componente 28 del PRTR, bajo la rúbrica «Adaptación del sistema impositivo a la realidad del siglo XXI», se centra en el desarrollo de una fiscalidad verde y, de modo más difuso, propone una reforma del sistema tributario encaminada a garantizar un incremento de los ingresos para ajustar el déficit estructural. La prioridad es mejorar la recaudación y la eficiencia del sistema fiscal.

Basta reparar en este documento estratégico para advertir que las políticas fiscales no contemplan medidas encaminadas a la construcción de un sistema de cuidados para la vejez que complemente y descongestione una sanidad muy tensionada tras la pandemia de la COVID-19. Este vacío a la hora de planificar la evolución del sistema tributario desaprovecha la utilidad que tienen los impuestos como instrumentos de solidaridad.

La demanda creciente de cuidados por parte de una población envejecida se presenta como una oportunidad para la iniciativa privada. Urge desarrollar un mercado de cuidados, con un universo de servicios orientado a apoyar a las personas dependientes, que han de ser de calidad, asequibles y accesibles.

Los modelos de negocio predominantes en España son agencias de colocación que se han digitalizado. La tipología de plataformas es variada, no solo son intermediarios que conectan a cuidadores y usuarios (personas dependientes), sino que actúan como proveedores de servicios con la contratación directa de cuidadores. Se trata de empresas emergentes, en su mayoría pymes con forma jurídica de sociedad de responsabilidad limitada; normalmente, financiadas por los fundadores y su entorno cercano, aunque empiezan a tener mayor presencia los inversores privados a través de fórmulas más especializadas para captar capital (plataformas de financiación participativa y capital riesgo).

Estas pequeñas plataformas tienen que competir con grandes estructuras empresariales que operan a nivel internacional. Aunque la competencia no es tan acusada como en otros sectores de la economía digital, existe un desequilibrio entre estos modelos de negocios digitales. Las plataformas de cuidados españolas no pueden optimizar los huecos o deficiencias del sistema tributario y de las reglas que rigen la fiscalidad internacional, una posibilidad que se abre a las entidades que desarrollan su actividad económica en uno o varios países sin necesidad de presencia física en ninguno de esos territorios.

Las medidas tributarias para frenar las prácticas perjudiciales para las haciendas públicas auspiciadas desde la OCDE requieren de difíciles consensos por parte de los actores políticos, y su concreción en normas jurídicas es un proceso lento.

Esta inercia en el diseño de la fiscalidad del siglo XXI constituye una ventaja competitiva para las grandes empresas digitales. El efecto nocivo de esta realidad para el crecimiento económico de nuestro país debería ser contrarrestado con una política fiscal que favorezca la iniciativa emprendedora a pequeña escala, impulsando el desarrollo de un tejido productivo asentado en el territorio, digital y centrado en las personas, acorde con los objetivos de bienestar y crecimiento económico sostenible.

Podría considerarse que la respuesta jurídica para este emprendimiento innovador viene dada en la Ley 28/2022, la denominada Ley de *Startups*. En ella se recogen numerosas medidas, entre otras, un alivio fiscal para las empresas emergentes (emprendedores, inversores y trabajadores cualificados). Un marco regulatorio que persigue situar a nuestro país en una mejor posición para atraer capital y talento de cara a la creación de empresas innovadoras.

Los incentivos fiscales fijados en esta Ley pueden ser aprovechados por las plataformas de cuidados de nueva o reciente creación. En líneas generales, las medidas adoptadas en esta Ley se orientan en tres direcciones: una rebaja de la tributación de la renta de la empresa emergente en su fase inicial (Impuesto sobre Sociedades); una mejora de la deducción de la cuota en el IRPF de los inversores personas físicas; y el trato de favor previsto en la imposición sobre la renta para los trabajadores altamente cualificados (mejora de las fórmulas retributivas complementarias del salario, y régimen de impatriados).

La valoración positiva que *a priori* merece este marco regulatorio se desvanece a medida que se profundiza en su articulado. Al menos, lo es en lo que se refiere a las medidas tributarias.

En primer lugar, la definición legal de lo que ha de ser una empresa emergente resulta ser un formato empresarial en el que han de encontrar acomodo modelos de negocio muy variados, pero falta un reconocimiento específico para las empresas innovadoras de interés social. Las limitaciones que presenta el concepto de *startups*, así como el proceso de evaluación continua al que quedan sometidas estas entidades, lastran el propósito de estímulo que persiguen los beneficios fiscales regulados en esta ley especial[275]. A ello se une la incertidumbre ante la falta de concreción sobre las consecuencias que, desde el punto de vista tributario, se pueden derivar del incumplimiento de alguno o algunos de los requisitos de los que depende la calificación de empresa emergente.

Por otra parte, las medidas propuestas resultan deficientes en cuanto al modelo de empresa emergente que promocionan. Lo *urgente* es potenciar la creación de pro-

---

[275] El ejemplo viene dado por las formalidades que se exigen para la aplicación de la deducción de la I+D+i. Precisamente, la AIREF ha puesto de manifiesto que la eficacia potencial de este beneficio fiscal se ve dificultada por algunos de los requisitos (p.ej., mantenimiento de la plantilla media general) y formalidades que se les exigen a las empresas. Entre otras medidas, propone establecer un mecanismo de acreditación de la I+D+i más rápido y semiautomático para las empresas cuya inversión no supere cierto límite. También enfatiza la conveniencia de publicar los listados de las personas jurídicas beneficiarias para equiparar su publicidad con la requerida en los programas de subvenciones directas a la I+D+i (https://www.airef.es/wp-content/uploads/2020/10/I+D/BF_IDi.pdf).

yectos de innovación que, bajo el ropaje de una forma jurídica societaria, y habiendo superado un período de incubación, puedan ser lanzados a un mercado de empresas. Un objetivo que puede llevar a que España destaque como nación emprendedora alineándose con los países europeos mejor posicionados.

La iniciativa emprendedora se ve abocada a desarrollar una empresa-producto para ponerla en circulación con fines especulativos, pues, superado el ciclo inicial, cabe esperar la rápida revalorización del capital invertido. Esta nueva cultura del emprendimiento innovador pierde de vista que lo *importante* es crear riqueza mediante un tejido empresarial innovador con vocación de permanencia y crecimiento sostenible.

Las plataformas de cuidados que se abren camino en España no responden exactamente al modelo de las *startups*. Son negocios altamente digitalizados en los que hay un mestizaje o hibridación en cuanto a los servicios ofrecidos (hay intermediación entre cuidadores y usuarios, pero también son proveedoras de servicios de cuidados). Nacen para atender a las necesidades de un mercado que requiere atención personal (presencial) y profesional (cuidados); no necesitan grandes infraestructuras, precisan del componente tecnológico y recursos humanos; y en ellas el factor geográfico es relevante (aglomeraciones urbanas y áreas despobladas).

Estos negocios contribuyen a la realización de fines de interés general, tanto por la naturaleza de los servicios que prestan, como porque contribuyen a la profesionalización de una actividad asistencial hasta el momento atendida de manera informal (familia, empleadas del hogar, mujeres y migrantes).

El fenómeno descrito requiere de medidas normativas que sean realmente efectivas, pues no todas las previstas en la Ley de *Startups* son las más idóneas. Esto significa, de partida, el reconocimiento de la singularidad de las «empresas emergentes con vocación social», como ocurre en Italia, y se enfatiza en algunos de los documentos que, desde la Unión Europea, orientan las políticas que han de contribuir a la creación de empresas emergentes y su expansión en el mercado único.

De modo más concreto, es necesario un tratamiento fiscal que alivie la puesta en marcha de estos negocios, garantizando la consolidación, continuidad y crecimiento sostenible de la actividad económica. No es suficiente fijar medidas para los primeros cinco o siete años de vida de la empresa.

Tampoco satisface el trato de favor dispensado a estas empresas en esta primera etapa, pues los beneficios fiscales están concebidos para ser aprovechados por empresas que tienen resultados positivos. Este escenario, sin embargo, no suele ser frecuente en los primeros años de vida de una empresa (pymes), ni tampoco lo es en las empresas de base tecnológica (*startups*).

Los incentivos a los inversores personas físicas deben ser concebidos en términos claros y precisos, con requisitos razonables, cuyo cumplimiento esté al alcance de estos y no dependa de decisiones de la entidad receptora del capital que escapan a la capacidad de decisión de los inversores. En este sentido, se puede considerar razonable que se exija el mantenimiento de la inversión durante un plazo mínimo (tres años) a efectos de consolidar la deducción de la cuota del IRPF y, en su caso, acceder a la exención de la eventual ganancia patrimonial. Pero no lo es tanto que los inversores, incluso los fundadores, vengan forzados a transmitir las acciones o participaciones sociales antes de que transcurran doce años para no perder el incentivo fiscal.

Sería deseable que se adopten medidas que incentiven la potencialidad de estas empresas como creadores de empleo estable y de calidad. Los instrumentos recogidos en la Ley de *Startups* no son idóneos para ser aprovechados por la mano de obra cualificada que se necesita en los servicios de apoyo a las personas con dependencia, lo que genera situaciones de discriminación en el factor trabajo que son inaceptables.

La necesidad de mejorar la tributación de la economía de cuidados va más allá de las medidas previstas en este marco normativo para las empresas emergentes. El ejemplo viene dado en el IVA, donde también conviene revisar los tipos impositivos que recaen sobre los servicios asistenciales, así como el catálogo de las prestaciones que precisan los mayores. La revisión de este impuesto es imprescindible si se quiere avanzar en el objetivo de que los servicios de cuidados sean de calidad, asequibles y accesibles.

Tampoco es desdeñable el incremento de las cargas fiscales que se derivan de las nuevas obligaciones de suministro que recaen sobre las plataformas digitales en relación con datos de la propia entidad y de sus proveedores de servicios. Tal es el caso de las nuevas obligaciones y deberes de diligencia derivadas de la DAC 7 que no discriminan entre grandes y pequeñas plataformas, tanto si cuentan con proveedores de servicios activos como si no. Sería deseable que estas medidas se aligeraran para las pequeñas y medianas empresas que actúan como intermediarias en el campo de los cuidados.

Las consideraciones expuestas ponen de manifiesto que queda un amplio recorrido para mejorar el tratamiento tributario de los cuidados a domicilio, tanto en lo que se refiere a las plataformas, como en lo que se refiere a los proveedores de servicios a domicilio y a los potenciales inversores.

X. BIBLIOGRAFÍA

ACCORDINO, Patrizia, «Il caso Italia: l'età dell'impresa innovativa come condizione per l'ottenimento di benefici fiscali·, *La edad como elemento determinante de la aplicación de beneficios fiscales, Un estudio de Derecho comparado*, dir. Cubero Truyo, A. y Mories Jiménez, M.ª T., Aranzadi, 2023.

ATXABAL RADA, Alberto, «Las medidas fiscales para favorecer el emprendimiento por las cooperativas, *REVESCO: Revista de Estudios Cooperativos*, n. 133, 2020.

BARREIRO CARRIL, M.ª Carmen, «Los operadores de plataformas digitales y la DAC 7: mucho más que una obligación de información», *La digitalización en los procedimientos tributarios y el intercambio de información*, Aranzadi, 2023.

CAVAS MARTÍNEZ, Faustino, «Las prestaciones de servicios a través de las plataformas informáticas de consumo colaborativo: un nuevo desafío para el Derecho del Trabajo», *Rev. Derecho del Trabajo y de la Seguridad Social*, CEF, n. 406, 2017.

Comité de Personas Expertas, *Libro Blanco para la Reforma Tributaria*, IEF, 2022.

Cubero Truyo, Antonio; Mories Jiménez, M.ª Teresa: «¿Es necesaria una 'política fiscal de edad', como hay política fiscal de género o política fiscal verde? ¿Existen señales de una adecuada 'política fiscal de edad' en otros países, que puedan servir de referencia?», *La edad como elemento determinante de la aplicación de beneficios fiscales. Un estudio de Derecho comparado*, dir. Cubero Truyo, A. y Mories Jiménez, M.ª T., Aranzadi, 2023.

Cruz Ángeles, Jonatán, «Las obligaciones jurídico-comunitarias de las grandes plataformas proveedoras de servicios digitales en la era del metaverso», *Cuadernos de Derecho Transnacional*, vol. 14, n. 2, 2022.

De Miguel Asensio, Pedro Alberto, «Obligaciones de diligencia y responsabilidad de los intermediarios: el Reglamento (UE) de Servicios Digitales», *La Ley Unión Europea*, n. 109, 2022, p. 5 de 46 (La Ley 11104/2022).

De Pablo Varona, Carlos, «La fiscalidad de la financiación participativa ('crowdfunding'), *La fiscalidad del emprendimiento,* dir. Varona Alabert, J.E., Aranzadi, 2018, pp. 323-440.

Del Pino Domínguez Cabrera, María, «La relación de la economía colaborativa con el modelo de consumidores y usuarios, *Revista Aranzadi Doctrinal*, n. 5/2019, disponible en Aranzadi Insignis (BIB 2019, 2843).

Díez Soto, Carlos Manuel, «Responsabilidad de los proveedores de mercados en línea por incumplimiento del contrato subyacente»», en *Contratación en el entorno digital*, dir. González Pacanowska, I. y Plana Arnaldos, M.ª C., Aranzadi, 2023.

Echevarría Zubeldia, Gorka, «La economía colaborativa tendrá su propio régimen de IVA en 2025», *Carta Tributaria*, n. 95, 2023 (LA LEY 1273/2023).

¿Qué hacer con la economía colaborativa en el IVA?, *Carta Tributaria*, n. 87, 2022.

Fabra Vals, M.; y Falchi, P., «Los incentivos fiscales para el fomento de la innovación empresarial en España o Italia», *Quincena Fiscal*, n. 5, 2017, disponible en Aranzadi Instituciones (BIB 2017, 11996).

Farias Batlle, Mercedes y Alfonso Sánchez, Rosalía, «Economía social, economía de los cuidados y transición digital», 33.º Congreso Internacional del CIRIEC, Nuevas dinámicas mundiales en la era post-Covid; desafíos para la economía pública, social y cooperativa», Valencia 13-15 junio de 2022 (http://ciriec.es/valencia2022/wp-content/uploads/COMUN-019.pdf).

Fernández López, Roberto Ignacio, «El intercambio automático de información tributaria en la Unión Europea: del a irrelevancia inicial a un crecimiento con riesgo de hipertrofia», *La digitalización en los procedimientos tributarios y el intercambio automático de información*, Aranzadi, 2023, p. 339.

Fernández Pavés, María José, «Análisis de la nueva obligación de información para las plataformas digitales», *La digitalización en los procedimientos tributarios y el intercambio automático de información*, Aranzadi, 2023, p. 557.

García Brustenga, Jordi, «El papel de ENISA en el marco de la nueva Ley de Startups», *Rev. Española de Capital Riesgo*, n. 2-3/2022.

García de Pablos, J. Félix, «El Proyecto de Ley de fomento del ecosistema de las empresas emergentes (Startups)», *Quincena Fiscal*, n.10/2022.

García Freiría, Mónica, «El papel de las plataformas digitales en la aplicación de los tributos, en especial, en fase de recaudación tributaria», *Los modelos de negocio en la era digital*, dir. Malvárez Pascual, L.A., Pita Grandal, A.M.ª, Martos García, J.J, Aranzadi, 2023.

García Novoa, César, «Nuevas tendencias en la tributación indirecta a nivel internacional», *Desafíos fiscales en un mundo post-COVID*, dirigido por Ramos Prieto, J., Tirant lo Blanch, 2023.

Gil García, Elizabeth, «Fomentar la I+D+i a través del ordenamiento jurídico-tributario», *Almacén de Derecho*, abril 2018, Fomentar la I+D+i a través del ordenamiento jurídico-tributario — Almacén de Derecho (almacendederecho.org)

Hernández Bejarano, Macarena, «Nuevos modelos de cooperativas de trabajadores autónomos: un análisis de las cooperativas de las cooperativas de impuso empresarial y las cooperativas de facturación», *Economía colaborativa y trabajo en plataforma: realidades y desafíos*, dir. Rodríguez-Piñero Royo, M., Bomarzo, 2017.

HUGGER, Felix, Gonzalez Cabral, Ana y O'REILLY, Pierce, «Tasas impositivas efectivas de las empresas multinacionales: Nueva evidencia sobre ganancias globales con bajos impuestos», Documentos de trabajo sobre fiscalidad de la OCDE, n. 67, Publicaciones OCDE, 2023.

MARTÍN MOLINA, Pedro Bautista, «Estudio de las medidas tributarias relativas a la Ley de las startups», Rev. Española de Capital Riesgo, n. 2-3/2002

MARTÍNEZ LAGUNA, Félix Daniel, «El pilar de 2 de la OCDE: régimen, inconsistencia y potenciales incompatibilidades», Desafíos fiscales en un mundo post-COVID, dirigido por RAMOS PRIETO, Tirant lo Blanch, 2023.

MATEO, Carlos; BAEZA, Agustín; DEL MORAL, Marta, «Por qué es necesaria una ley de startups en España», Rev. Española de Capital Riesgo, n. 2-3/2002.

MARTÍNEZ MUÑOZ, Yolanda, «Las plataformas digitales y su colaboración en la aplicación de los tributos: una cuestión de proporcionalidad, Revista Española de Derecho Financiero, n. 197, 2003 (BIB 2023, 419).

MONTERO SIMO, Marta, «Las empresas sociales y su tributación en España. La propuesta de sociedad de responsabilidad limitada de interés general», Entidades con Valor social: nuevas perspectivas tributarias, dir. Merino Jara, I., IEF, 2017.

MULEIRO PARADA, Luis Miguel, «La imposición derivada de la transmisión de bienes entre particulares a través de plataformas digitales», La digitalización en los procedimientos tributarios y el intercambio de información automático, Aranzadi, 2023.

NAVARRO EGEA, Mercedes, «Inversión en startups a través de plataformas de equity crowdfunding y su tratamiento en la Ley del Impuesto sobre la Renta de las Personas Físicas», Crónica Tributaria, n. 184, 2022.

OCDE, Model Rules for Reporting by Platform Operators with respect to Sellers in the Sharing and Gig Economy, 2020.

OLIVARES OLIVARES, Bernardo, «Los nuevos deberes de información de los operadores de plataformas digitales», La tributación del comercio electrónico. Modelos de negocio altamente digitalizados, La Ley, 2022.

PAGAMICI, B., «Start up innovative con agevolazioni fiscale potenziate per gli investitori», 2019, Start up innovative con agevolazioni fiscali potenziate per gli investitori (ipsoa.it).

PASTOR DEL PINO, María del Carmen, «Las plataformas colaborativas como sujetos de colaboración social en la aplicación de los tributos», Retos y oportunidades de la Administración tributaria en la era digital, Ed. Aranzadi, 2019.

PEDREIRA MENÉNDEZ, José, Los establecimientos de carácter social y las exenciones del IVA, Jurisprudencia Tributaria Aranzadi, n. 7, 2004.

PEDROSA LÓPEZ, José Carlos, «Análisis histórico del concepto de establecimiento permanente en el artículo 5 del Modelo de Convenio OCDE», Revista Técnica Tributaria, n. 125.

RAMOS HERRERA, Antonio José, «Breves pinceladas sobre la relevancia del Primer Pilar en la adaptación del sistema de fiscalidad internacional a los desafíos que presenta la economía digital», Los modelos de negocio en la era digital, Aranzadi, 2003.

RIBES RIBES, Aurora, «Reflexiones críticas sobre el tratamiento fiscal de los inversores de proximidad o Business Angels», Quincena Fiscal, n. 24, 2014, disponible en Aranzadi Instituciones, BIB 2014, 2526.

RODRÍGUEZ MÁRQUEZ, Jesús, «Una visión general de las nuevas normas del IVA en el comercio electrónico», Elderecho.com, Lefebvre, 2021 (https://elderecho.com/una-vision-general-de-las-nuevas-normas-del-iva-en-el-comercio-electronico).

RODRÍGUEZ-PIÑERO ROYO, Miguel, «La Ley Rider dos años después: enseñanzas de una experiencia particular», Revista de Estudios Jurídicos Laborales y de Seguridad Social, n. 7, 2023.

ROMERO FLOR, Luis M.ª y ÁLAMO CERRILLO, Raquel, «Análisis de los incentivos fiscales introducidos en el ámbito del Impuesto sobre la Renta de las personas físicas y jurídicas para el fomento del emprendimiento», Revista Jurídica de Castilla-La Mancha, n. 55, 2014.

RUIZ HIDALGO, Carmen, «La obligación de información de las plataformas digitales: apuntes acerca de las medidas sancionadoras previstas en la Directiva 2021/514 y en las reglas modelo de la OCDE», Cuestiones conflictivas de la fiscalidad internacional, Wolters Kluwer, 2022,

— «El cumplimiento de las plataformas digitales como obligados tributarios: análisis de la Directiva 2021/514, las reglas modelo de la

OCDE y el derecho español», *La digitalización en los procedimientos tributarios y el intercambio automático de información*, Aranzadi, 2023.

Ruiz Hidalgo, Carmen y Siota Álvarez, Mónica, «La colaboración de las plataformas digitales en la aplicación y en la recaudación de los tributos», *THEMIS-Revista de Derecho*, n. 79, 2021 (Dialnet-LaColaboracionDeLasPlataformasDigitalesEnLaAplicac-8328960 (2).pdf).

Sanz Gadea, Eduardo, «Presente, pasado y futuro del Impuesto sobre Sociedades», *Los modelos de negocio en la era digital*, dir. Malvárez Pascual, L.A., Pita Grandal, A.M.ª, Martos García, J.J, Aranzadi, 2023.

Sánchez Huete, Miguel Ángel, «Obligación informativa de los intermediarios y economía colaborativa», *Revista Quincena Fiscal*, n. 12, 2021.

Sánchez Pino, Antonio José, «Régimen sancionador por incumplimiento de las obligaciones de información de los operadores de plataforma digitales», *La digitalización en los procedimientos tributarios y el intercambio automático de información*, Aranzadi, 2023.

Scholz, Trebor, *Cooperativismo de plataforma. Desafiando la economía colaborativa corporativa*, Dimmons, Barcelona, 2016.

Varona Alabert, Juan Enrique, «Los *business angels* en el impuesto sobre la renta de las personas físicas», *La Fiscalidad del Emprendimiento*, dir. Varona Alabert, J.E., Aranzadi, 2018.

VV.AA., *Contratación en el entorno digital*, dir. González Pacanowska, I. y Plana Arnaldos, M.ª C., Aranzadi, 2023.

— *Aspectos clave de la nueva regulación de las startups o empresas emergentes*, Francis Lefebvre, 2023.

— *La fiscalidad del envejecimiento*, dir. Gil García, E., Aranzadi, 2023.

— *La edad como elemento determinante de la aplicación de beneficios fiscales. Un estudio de Derecho comparado*, dir. Cubero Truyo, A. y Mories Jiménez, M.ª T., Aranzadi, 2023.

— *Los modelos de negocio en la era digital*, dir. Malvárez Pascual, L.A., Pita Grandal, A. M.ª, Martos García, J.J, Aranzadi, 2023.

colección

DERECHO DE LA SOCIEDAD DE LA INFORMACIÓN

Directores: PEDRO GRIMALT SERVERA • JULIÁN VALERO TORRIJOS